内藤雄士

ゴルフスイングバイブル

GOLF SWING BIBLE

河出書房新社

はじめに

私はプロゴルファーを指導するコーチとして活動すると同時に、長年アマチュアレッスンの現場に立ち、多くのアマチュアゴルファーも指導してきました。

その立場から日本のゴルフレッスンの現場を見るに、指導者自身の経験に基づく主観的なイメージや、感覚的で感性に訴えるレッスンがあまりにも多いという事実に、不安を感じざるを得ません。

ゴルフのレッスンを受けたことがある方ならご存じのことと思いますが、日本のゴルフの指導は「もっとこういう感じで」という表現が非常に多いのです。「もっと手を返して」「もっと左に踏み込んで」「もっと頭を残して」……。

たしかに、マンツーマンのレッスンの現場では、現状を改善しスイングをよい方向に近づけるために、「いまよりも、こうしなさい」という指導になるのは自然かもしれません。

しかし日本のレッスンは、「いまよりもこう」することは教えても、その結果として「どの状態がグッドなのか」という正解を与えないケースが非常に多いのです。

すると レッスンの現場では、次のようなことが頻繁に起こります。たとえばフェースローテーションが不足してスライスしている人が、ローテーションの意識を植えつけようとした指導者から「もっと手を返してスイングしよう」という指導を受けたとします。その結果、おそらく一時的には球がつかまるようになり、スライスは改善されるでしょう。しかし彼には「スイングは思い切って手を返すものだ」という認識のみが残り、やがてリストターン過多になって、引っかけが頻発するようになります。すると今度は、それを見た別の人から「手首を使っちゃダメだよ、コックを抑えて振ってごらん」という指導を受けます。彼が「この間は手を返せって言われたのになあ」と思いながらも新たな教えに従ってスイングをしてみると、あれほど出ていた引っかけが一気に出なくなる。彼はこれで「上達した」と感じるかもしれませんが、おそらくその状態も長くは続かず、遠からず別の問題が生じるでしょう。結局のところ、こういった「いまよりも」というレッスンの連鎖によって、メチャクチャなスイングの万年アベレージゴルファーが、次々と生み出されていくのです。

これと同時に、教わる側も即効性のある結果を求めすぎることも問題です。「とりあえずいまのスライスをどうにかしたい」という思いからワンポイントレッスンを受け、すぐにスライスが直って、ナイスショットが出ることを期待するのです。そして、そういったニーズに応える「バンソウコウ」的なレッスンを経験したゴルファーは以後、ゴルフのレッスンに「コツ」を求めるようになります。以前、ちょっとした手首の使い方の「コツ」に気づいたせいで、スライスが一瞬で消えた経験があるからです。世の中にそういうゴルファーが増えれば、ゴルフのレッスンも感覚的な「コツ」の伝授が流行ります。「○○打法」というようなものが巷（ちまた）にあふれているのは、こういう連鎖の結果にほかなりません。

しかし、ゴルフスイングの本質は、感性でもなければコツでもありません。感覚ほど変わりやすく不確かなものはなく、「運動のコツ」は存在しても、それだけでゴルフスイングが完成し、成熟することはあり得ません。

大事なのは、正しいスイング理論に基づく「客観的事実」です。ゴルファーが知らなければならないのは、「どういう感覚で振るか」ではなく「どのような形が正しいか」です。

本書は、客観的事実に基づいて、ゴルフスイングを事細かに解説していきます。そこには「こういう感覚で振りましょう」という、従来的な振り方の指導やコツの伝授はなく、即効性のあるバンソウコウ的上達法もありません。あるのは、「こうなっているべき」という事実のみです。

ですので、従来のレッスン書に慣れている方にとっては、不親切に感じるかもしれませんし、「これでは上達できないのではないか」と感じるかもしれません。

しかし、本当はそうではありません。ゴルフの上達、スイングのレベルアップのためには、まず何よりも先に、この「正解」を知ることが必要なのです。まさに「急がば回れ」。スイングの「正解」さえ知っていれば、どんなレッスンや指導法に対しても、そのゴール地点を正確にイメージして受け取ることができるようになるので、極端なやりすぎに陥ったり、誤解によって明後日の方向に向かうようなことがなくなります。また、正しい知識を身につけることで、今後ほかのレッスン書などを読んだ際にも、その内容を誤解なく理解し、上達につなげることができるようになるでしょう。

そういった意味で本書は、単なるアマチュア向けのレッスン書という枠に納まらず、ティーチングプロやコーチなどの指導者にとっての参考書であったり、息子や娘にゴルフを教えるお父さん、お母さんにとっても1つの基準として活用してもらえるものであると考えています。本書を読み進めるに際しては、そういった視点を忘れないでいただければ幸いです。

内藤雄士

内藤雄士

GOLF SWING BIBLE

ゴルフ スイング バイブル

Contents

第1章　グリップ

第2章　アドレス

第3章　バックスイング

第6章　ダウンスイング

第7章　フォロースルーからフィニッシュ

第8章　インパクト

第9章　クラブの動き

第10章　スイングを流れで見る

序章

ゴルフスイングの概念

ゴルフスイング

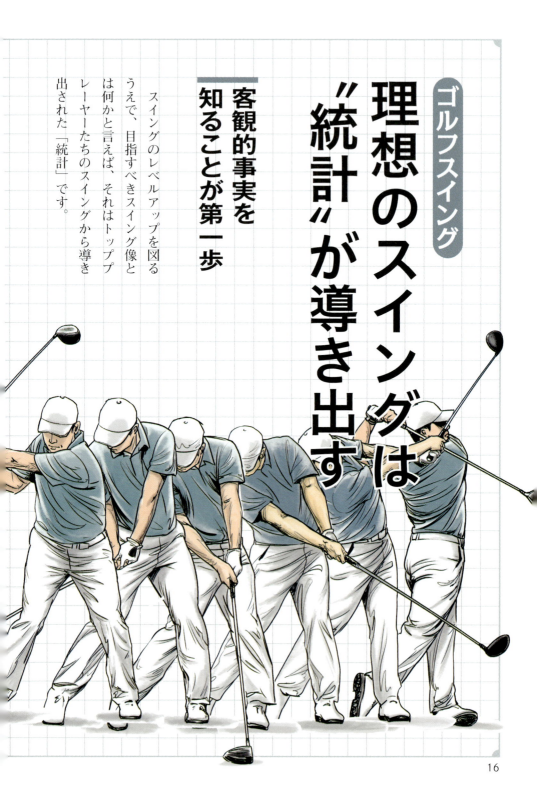

理想のスイングは〝統計〟が導き出す

客観的事実を知ることが第一歩

スイングのレベルアップを図るうえで、目指すべきスイング像とは何かと言えば、それはトッププレーヤーたちのスイングから導き出された「統計」です。

数多くのトッププレーヤーのスイングを客観的に分析し、その大多数が満たしている要素が正解であり、その例に当てはまらない要素が間違いである。誤解を恐れずに言えば、ゴルフスイングについて「なぜそうすべきか」という問いの答えは、「うまい人がそうなっているから」にほかなりません。これは〝球聖〟ボビー・ジョーンズの時代から連綿と磨き上げられてきたプロゴルファーの技術の結晶なのです。

「うまい人のスイングがそうなっている」のには必ず合理的な理由があります。そしてそれは、ゴルフが地面に止まっているボールをゴルフクラブで打つスポーツであ

る以上、細部は変わっても、その根幹にある部分は不変なのです。ベン・ホーガンの『モダン・ゴルフ』がそうであるように、長い年月を経てクラブやボールが進歩しても、その根本の部分にある普遍性が失われることはありません。学ぶべきは、その普遍的なスイングなのです。

幸いなことに、いま日本には松山英樹選手というトッププレーヤーがいます。彼のスイングは、この普遍的な理想的スイング像に限りなく近い。下のスイングイラストは、松山選手のスイングを元に作成したものですが、このスイングこそ、すべてのゴルファーが「お手本」として参考にするべき

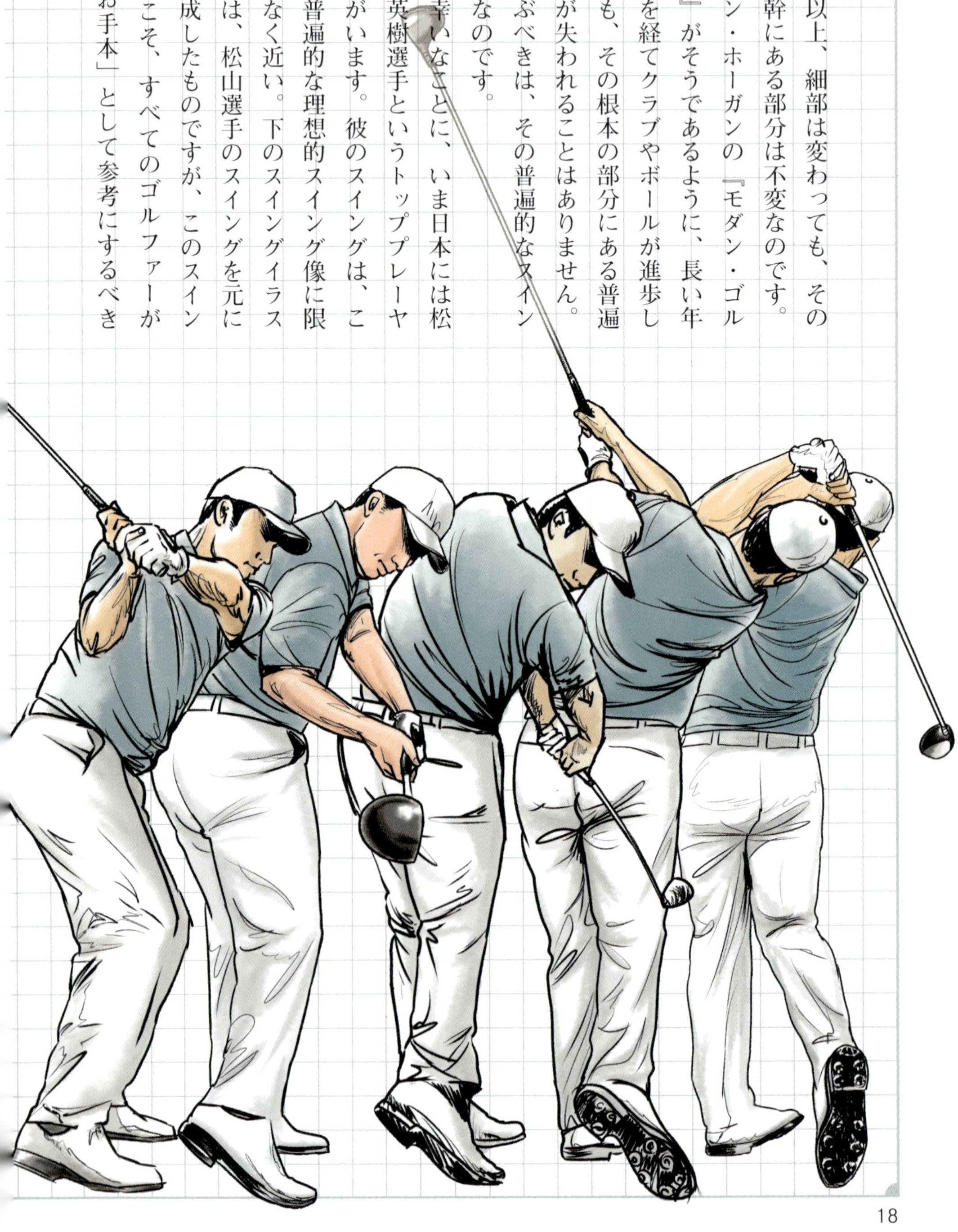

1つのモデルケースと言ってよいでしょう。

松山選手のようなトップアスリートのスイングを真似できるわけがない、とアマチュアの方は考えるかもしれません。しかし理に適った正しい形である「お手本」とは、そこに到達することができなくとも、真似をし、目指すことに大きな意味があります。

まずはこのイラストの各コマ、1つ1つをお手本に、「理想の形」を覚えることから始めてください。最初は細切れでも、その形を真似ることでいずれそれらがつながり、流れを持つようになります。これはスイングを学ぶうえで必要不可欠なステップなのです。

ゴルフスイングの特性

止まっているボールを正確に遠くに飛ばさなければならない

地面にある球を打つ難しさ

ゴルフは、クラブを振ってボールを飛ばし、カップに入れる打数を競う競技です。野球やテニス、卓球なども、道具を振ってボールを打つ競技ですが、ゴルフには、それらとは決定的に違った競技特性があります。

その1つめは、ボールを遠くに、正確に飛ばさなければならないという点。パター以外ではもっとも飛ばないウェッジでさえ70～80ヤードの距離を飛ばしつつ、プロであれば前後左右数ヤードの幅にボールを止める技術が求められますし、ドライバーに至っては「できるだけ遠くへ飛ばす」ことに加え、左右の幅20～30ヤードに収める精度が必要です。野球などは、ボールを遠くに飛ばせれば有利ですが、左右の許容範囲は打者から見て90度もの幅があります。テニスや卓球などは、相手コート内に正確に、できれば速い球を打つことが求められますが、ゴルフのような飛距離は不要です。

　2つめは、止まったボールを打つという点。野球やテニス、卓球などは動いているボールを打つむずかしさはありますが、自分に向かってくるボールのエネルギーを利用して打ち返せるうえ、動作も受動的なリアクションで行えるメリットがあります。しかし、止まっているボールを飛ばさなければならないゴルフは、100パーセントのエネルギーを自分とクラブが生み出さなければなりませんし、自分から動き出して能動的にプレーをするというむずかしさも発生します。

　この2つの特性があるからこそ、ゴルフのスイングは他の競技とは異なった点を持ち、独特の技術が必要とされるのです。

　そのなかでも飛距離という側面は、クラブやボールという道具の要因も大きいですが、地面にあるボールを、正確に打たなければならないという点は、ゴルフのスイングに特殊な要因を付加します。

　地面にあるボールを打つために、ゴルフスイングは前傾して行わなければなりません。また、ティアップしたボールを除けば、スイング軌道の最下点かその直前にボールをとらえないとヘッドがボールより先に地面に当たってしまう、つまりダフリになってしまいます。

　さらには、野球やテニスのように飛んできた球に反応して軌道を修正する必要がない代わりに、止まっているボールを正確に飛ばすために、際立って高い再現性が求められるのです。

前傾姿勢を維持して
スイングしなければ
地面の球は打てない

クラブによって生じる特性

シャフトの軸線から外れた部分でボールを打つのがゴルフ

フェースの開閉が必要不可欠

ゴルフのスイングにはもう1つ、道具を使ったほかの球技にはないめずらしい特性があります。それは、中心軸上に芯がない道具でボールを打つという点です。

野球のバットにせよテニスや卓球のラケットにせよ、手で握っているグリップ部分もボールをヒットするべき芯も、道具の中心線上にあります。しかしゴルフクラブは、クラブヘッドがシャフトの中心軸から横に突き出た形状になっており、ボールをヒットすべき芯がシャフトの軸線上にありません。球技におけるこういったタイプの道具は、ホッケーのスティックくらいしか類例がなく、非常に特殊と言えます。

さらに言えば、ゴルフクラブには、このフェース面にボールを上に上げるためのロフトがついている点も非常に独特です。

ゴルフクラブをスイングする際は、クラブ自体の遠心力に加え、シャフト軸を中心にこのヘッド部分が回転（フェースが開閉）することによって大きなエネルギーを生み出すことができるため、大きな飛距離を生み出すことができ、ボールを左右に曲げることもできます。しかしこれは同時に「球を真っすぐ飛ばしにくい（曲がりやすい）」ということにもつながり、ゴルフの難しさの一端にもなっています。

こういった道具の機能を生かすために、ゴルフスイングは単なる棒を振るのとは違った、フェースのローテーションの動きが求められます。ゴルフスイングを理解するうえで、非常に重要なポイントであるということを忘れないでください。

ボールを打つ芯が
グリップの軸の
延長線上にある
シャフトの
軸線から外れた
ところに芯がある

ゴルフスイングは科学だ

ゴルフの上達には理論的な理解が不可欠だ

現象とその原因を正しく理解する

本書でゴルフスイングを解説していくにあたって、はじめに言っておきたいのは、ゴルフスイングを高いレベルで習得するためには、ゴルフスイングを理論として理解

ボールの飛び方は
インパクトでの
物理現象の結果

する必要があるということです。これは指導者はもちろん、プレーヤー自身にも当てはまります。

ゴルフスイングは、物理学や運動生理学で説明できる科学的な現象です。ボールが曲がるのにはインパクトでの現象に理由があり、インパクトがそのようになるのには、スイングに原因があります。反対の側面から見れば、うまくボールをヒットできないのはクラブがそのように動いているからであり、体がクラブをそのように動かしているから。そして、体がそのように動いてしまうことにも、人体の構造上の理由があります。多くの場合、アドレスやバックスイングからして、「そのようにしか打てない」状態にあるのです。

まずはその「理論」を理解してください。ボールを真っすぐ遠くに飛ばすためには、ボールをどのようにとらえなければならないか。何が正しく、どうなっていてはいけないのか。その原理原則を知らなければ、「どう動けばいいか」にたどり着くことはできません。

レッスンの現場では、指導テクニックの1つとして「型」を教えることはあります。しかし「こう動く」という型や動作はあくまでその副次的なもの。その根本を理解せずして上達はあり得ないということを肝に銘じてください。

インパクトで起こる現象の原因はそれより前にある

正しい知識と客観的事実に基づいて考える

「こうする」よりも「こうなっている」が大事

正しい形を知りそれに近づける

スイングを理論として理解するうえでは、「どう振るか」ではなく「どうなっているか」を正しく考察することが重要です。とくにゴルフスイングのような複雑な動作を習得し、上達するためには、まずは正しい形を知り、自分の動きをそれに近づけていくというステップが必要で不可欠と言えます。

日本における従来のゴルフレッスンの多くは、スイング中の動きを経験則によるイメージに転換し、それを感覚的に指導するものがほとんどでした。「右ひじを絞れ」「手を返せ」などというような指導がそれで、「○○打法」といったものが数多く存在するのも、その証拠にほかなりません。

日本古来の「師匠・弟子」というような関係性のなかで、「修業」を積んで技術を身につけようというのであれば、それもいいかもしれません。しかし、近代化されたスポーツの技術としてゴルフスイングを効率よく身につけようと思ったら、そういった指導法はナンセンスそのものです。

たとえばダウンスイングで上体が左に突っ込んでカット軌道になりスライスする人がいたとします。そういう人に「頭を残せ」と指導しても、今度は右体重になってしまったり、うまく回転できなくなってしまう恐れがあります。

それよりも、まず最初に「インパクトではこうなっている必要がある」ということを理解し、そのためにどんなアドレスが必要で、どうバックスイングをすればいいかということを考えていく。そういうステップこそが重要なのです。

こういった知識と理解には、スイングを客観的にとらえることがとても重要です。いまはスマートフォンやビデオカメラなどを使って簡単にスイング動画を撮ることができますし、スイング解析機や弾道計測器なども普及し、スイングをデータで見ることもできます。これらを活用し、いかに自分のスイングを客観的に見て、それを理想の状態に近づけるかということを考えてください。

正しい知識と、それに基づいた客観的な習得方法は、上達するためだけでなく、うまくなってから壁にぶつかったとき、不調に陥ったときにそれを乗り越えるためにも必要なのです。

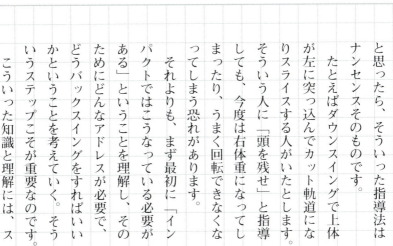

「どう振るか」は
自分の内面にある
副次的なものでしかない

感覚に再現性はない

感覚を極力排除した「マシーン」を目指そう

感覚とは想像以上に曖昧で不安定なもの

ゴルフスイングの習得を目指す方にもう1つ言っておきたいのが「感覚」に頼ってはいけないということです。

ゴルファー自身も「あんな感

感覚に頼ったスイングはアジャストが必要

じ」「こんな感じ」という自分のフィーリングを必要以上に大事にしがちなものです。

しかし、誤解を恐れずに言うならば、その感覚のほとんどは日替わりの不確かなものです。あなたがいつも同じ感覚でスイングしているつもりでも、実際のスイングはその日の体調やメンタルの状態、外界からの影響などによって、その時々で大きく変化するものです。

誰しも調子がいい日、悪い日があると思いますが、同じ感覚でスイングしようとしているにもかかわらずそういったバラツキが出ること自体、感覚部分の不確定さを物語っています。

たとえば、ストップウォッチを使い、目をつぶって頭の中で10秒をカウントしてみてください。ジャスト10秒を狙ってコンマ1秒以下の誤差で止めるのは容易ではありませんし、10回やってみれば最速と最遅で1秒以上、つまり10パーセントものブレ幅が出ることもめずらしくないはずです。

これほど曖昧で不安定な感覚などというもので、正確で再現性の高いゴルフスイングをコントロールすることなど、できないと思ってください。感覚に頼れば頼るほど、スイングの不確定要素は増え、それをアジャストするためにスイングに余計な動作が必要になります。これは、とりもなおさずミスの確率が増えることを意味します。

目指すのは、感覚を排除し、体に染みついた無意識の技術でスイングすることです。無意識の技術とは、自分の名前をサインするときのような何も考えずにできる動作。普段サインをするときは、書き順や止め跳ねなどを意識しませんよね。しかし、「ちょっとカッコよく書こう」などと思って感覚を差し挟んだときに限って、書き損じるもの。ゴルフスイングもこれと同じです。何も考えず、体が反応して振ったときにグッドスイングになることを目指すのです。

「違和感」のなかに真実がある

自分にとって「気持ちいい」動きをしてはいけない

個性は基本が身についた後

基本に忠実なマシーンを目指すべきだと言われても、実際にプロゴルファーのスイングを見ると十人十色。プレーヤーそれぞれの個性が表れていて、マシーンだとは

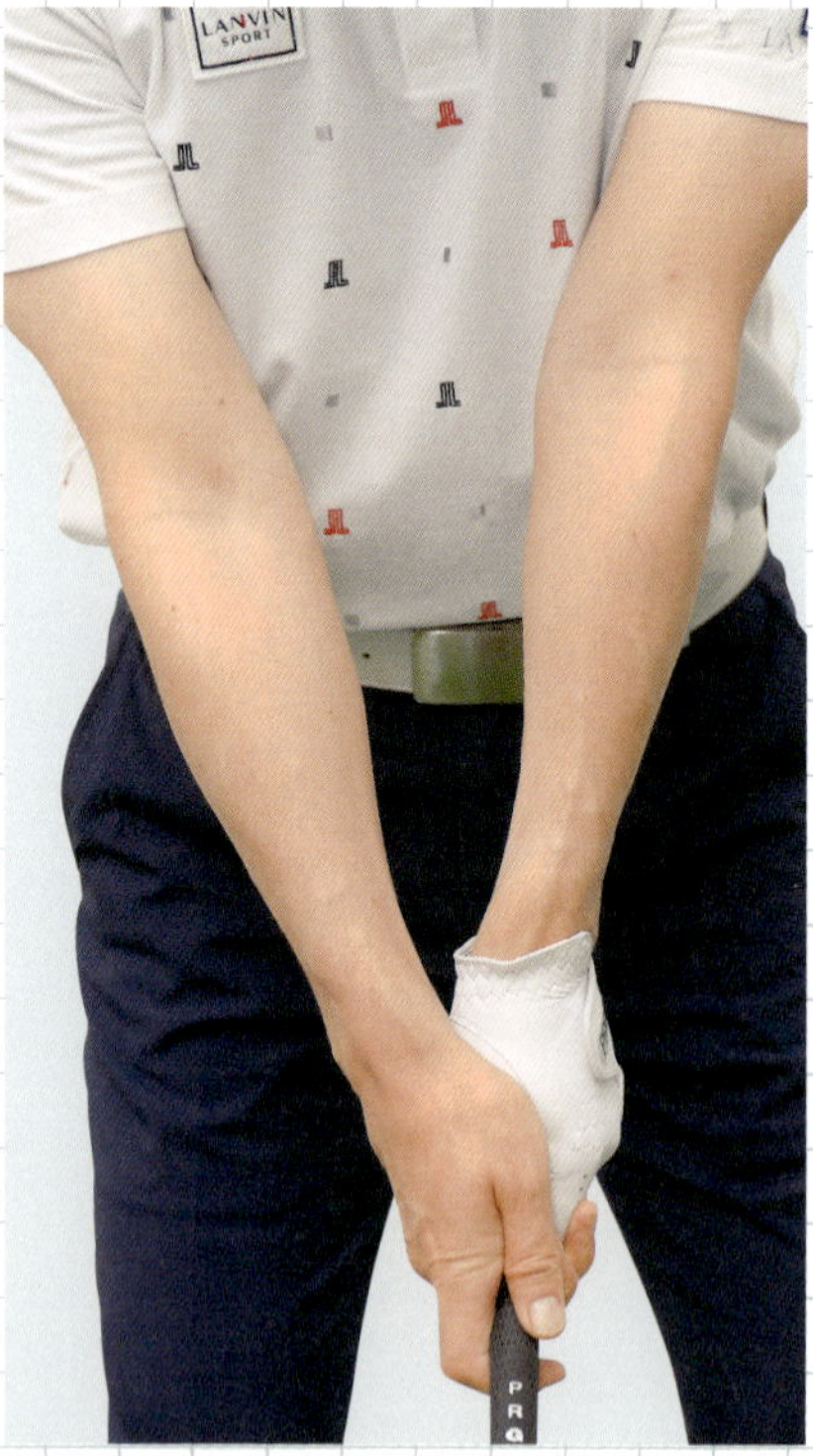

スイングの個性は
その人の骨格や柔軟性、
打ちたい球筋などによって
後天的に生じるもの

思えないかもしれません。

しかし、スイングの「個性」などというものは、スイングがある程度完成されてきてはじめて意味を持ってくるものであり、最初から個性を加味して練習するものではありません。その人の体格や柔軟性、骨格の特徴、または打ちたい弾道や求める球筋などにより、ある程度スイングの基本ができた後の微調整のようなものだと考えてください。

スイングの個性とは、自分が振りやすいように、気持ちよく振った結果として出る形のことでは断じてありません。

本書で説明していく本来の正しい動きというのは、その動きが身についていない人にとっては窮屈だったり不自然で、違和感があるものです。当然、最初はうまく再現できず、いい球も打てません。それゆえ、その違和感に負けて自分がやりやすいように勝手に解釈し、自分にとって気持ちのいい、悪い動きでスイングしようとしがちです。ですがこれこそが上達の最大の敵なのです。

最初の違和感などというものは、その意図と目的を正しく理解できれば、あっという間に消えてしまうものです。自分の感覚などというものを盲信せず、最初の違和感をどれだけ素直に受け入れられるかが、上達のカギと言っても過言ではありません。

「個性」の一例
両ひじが近づく「猿腕」の人はストロンググリップが合いやすい

「コツ」に真実はない

どんなにうまくなっても基礎練習は続けなければならない

基本動作のズレを日々修正し続ける

感覚を排除してマシーンとなるためにも、動作の違和感をなくしていくためにも、絶対的に必要なものは基礎的な動作の反復練習にほかなりません。

巷のゴルフのレッスンや指導書などには、上達のための「コツ」があふれていて、そのコツさえつかめばゴルフが劇的に上達するという風潮があります。しかし実際は、残念ながらそんなに簡単なものではありません。

ゴルファーの実体験として、コツをつかんだことによって急に飛距離が伸びたとか、スライスが直ったというような経験をしたことがある人は多いでしょう。

たしかに、いままでフェースローテーションがうまくできずにスライスばかり打っていた人が「思い切ってフェースを返せ」と教われば、それによって球がつかまるようになるかもしれません。しかし、そこにあるのは「フェースを返す」という感覚的な動作だけで、スイング中にフェースがどのように動くべきかという正しい認識は存在しません。そのため、何ラウンドかするうちにフェースを返す感覚にズレが出てきて、返しているつもりでもローテーション量が足りなくなってまたスライスに戻ってしまったり、反対にフェースを返す動きが極端になって引っかけしか出なくなるかもしれません。

こういった「コツ」のなかには正しい動きは存在せず、つねに「いまよりも〇〇な感覚で」という経験則的な修正でしかないのです。

大事なのは、正しい動作を地道に繰り返して体に染み込ませること。1スイングごとに動きや形を意識し、それを繰り返すことです。その反復の結果はじめて、正しいフェースローテーション量でスイングすることができるようになるのです。

そして、基礎の反復練習は、「身について終わり」ではありません。基本動作の精度は、日々損なわれ、ズレが生じ続けていくものです。それをつねに修正し、正しい状態に維持するために、継続的な基礎練習が必要だということを忘れないでください。

片手打ちなどの基礎的な反復練習は上達の絶対条件

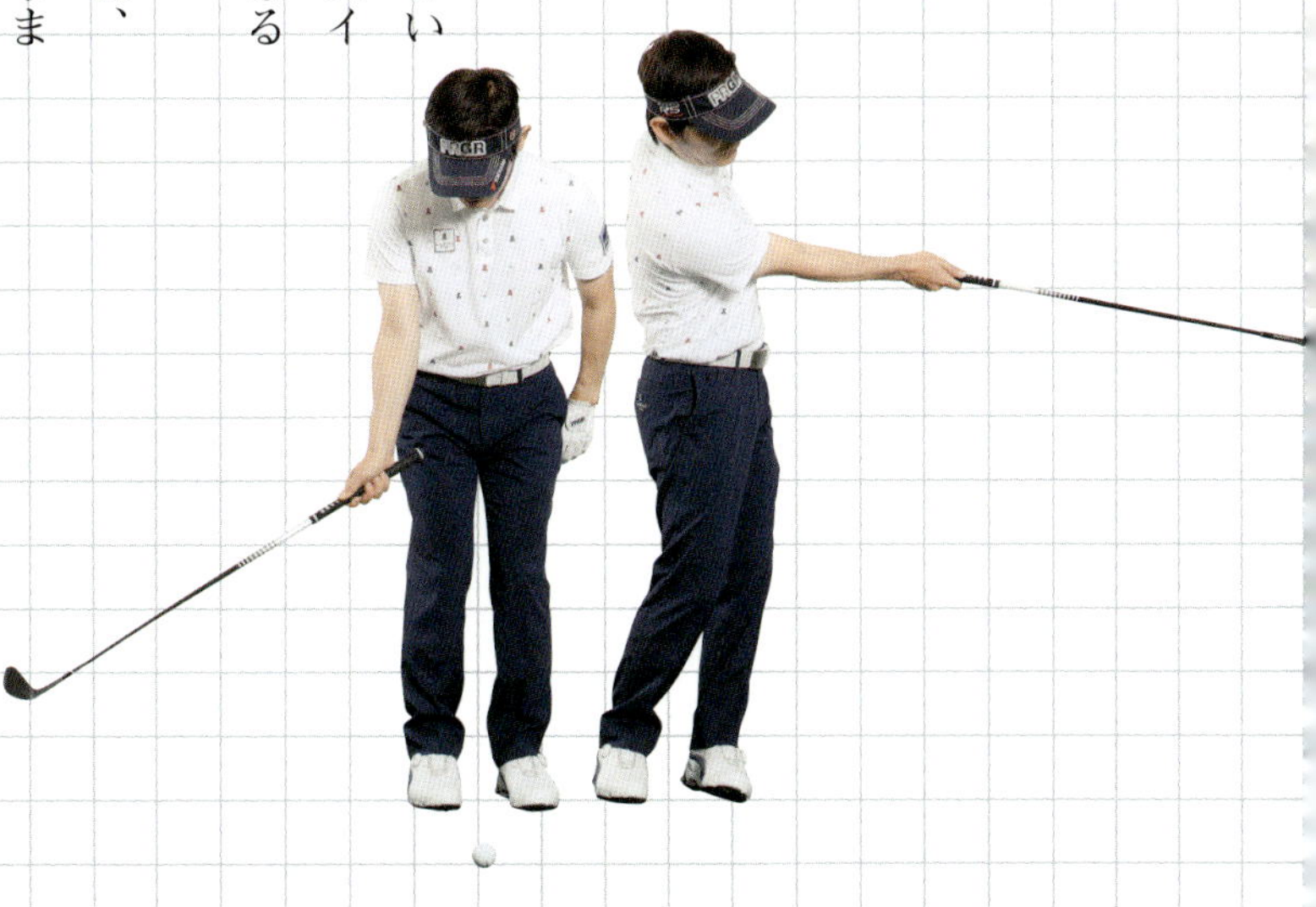

スイング軸は胸の前

止まっているボールを打つからこそ軸の安定が重要

再現性を担保しつつパワーを出す

ゴルフスイングについて語るときに必ず話題に上がるのがスイングの「軸」の話です。

ゴルフスイングは前傾して行う動作ですし、意識するにせよしないにせよ体重移動も起こるかなり複雑な運動ですので、コマや振り子のように不動の軸や支点があるわけではありません。

しかしゴルフスイングが回転する運動である以上、回転の中心としての軸は存在します。その軸はだいたいのどから胸にかけての体の前側。この部分を中心に、前傾角度なりにスムーズに回転することが重要なのです。この軸の部分は、厚みがある胴体に腕やクラブなどの重量物が付属している総体としての「人間の体」がスムーズに回転する際の重心位置だと考えてください。ゴルフの場合、前傾して回転するので、これが体の前側に来るわけです。

そして地面にある止まったボールを正確に打つためには、この軸が前後左右にブレないことが非常に重要です。野球のように、ボールの打点がストライクゾーン内の数十センチもの幅にあれば、軸を傾けたり動かしたりしてそれに対処する必要がありますが、ゴルフはそうではありません。せっかくボールが止まっているわけですから、わざわざ自分が動いて打ちにいく必要はなく、軸を安定させて再現性を高めることが非常に重要なのです。

のどから胸骨付近の軸に沿って回転する

前傾したときの胸の前に軸をイメージし、そこを中心に回転する。再現性の高いスイングをするためには、この軸が傾いたりズレたりしないことが重要

体重移動の誤解

荷重の移動はあっても左右のスライドはない

体を揺さぶったら軸がブレてしまう

ゴルフスイングを語る際にたいへんやっかいなキーワードの1つに「体重移動」があります。

体重移動という言葉の定義もむずかしいですが、スイング中の右、

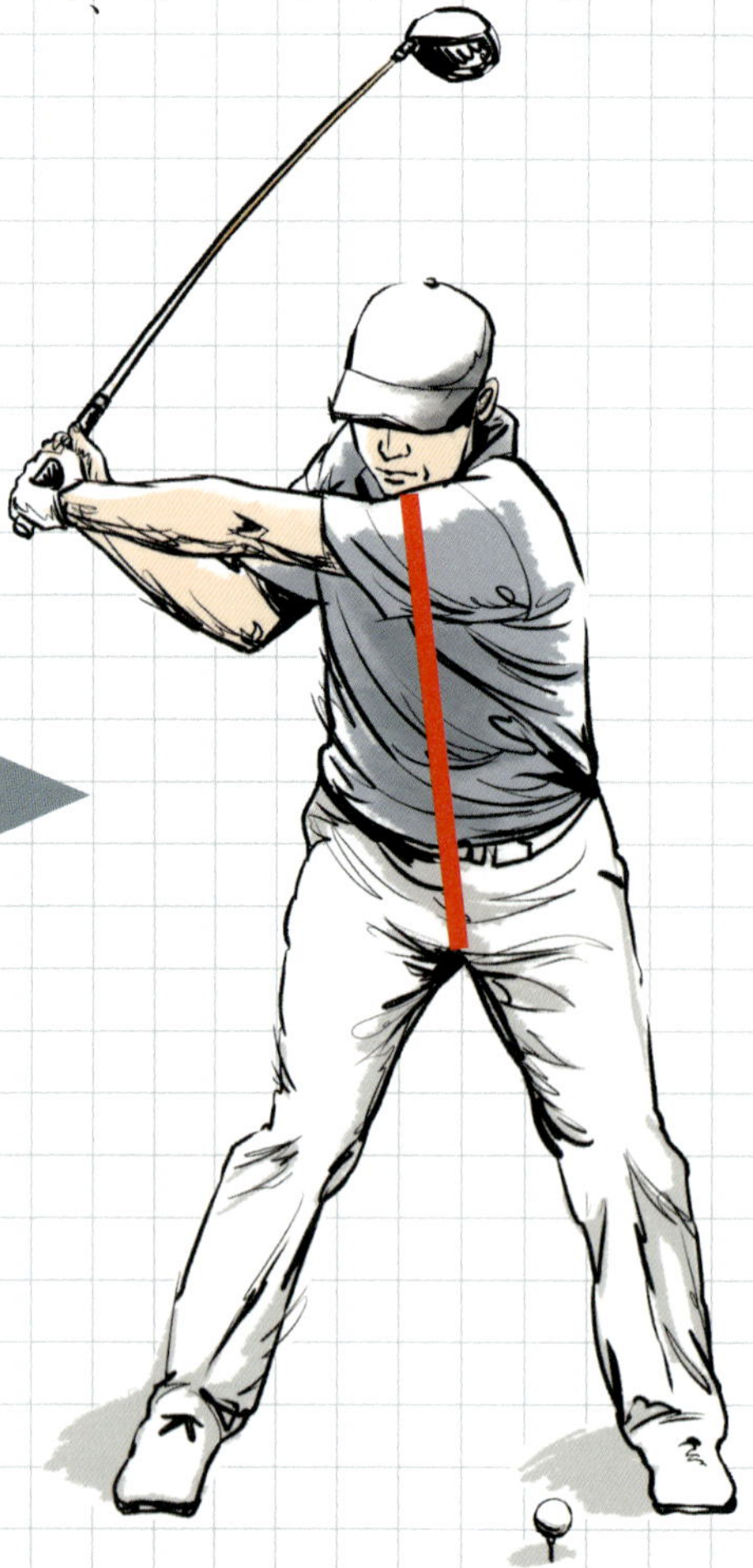

体重移動は必ず行われているが、許容範囲を超えてはいけない

左への荷重の変化はたしかに起こっています。しかし、それによってスイング軸をシフトしたり、スライドさせるような動きがあるかと言えば、基本的にはＮＯです（ティアップしているドライバーに限って、例外的にシフトさせる場合もある）。

スイングという回転のなかで大きなエネルギーを生み出しつつ再現性の高いインパクトを迎えるためには、前述のように軸が安定していることが絶対条件です。しかしゴルフスイングでは、体の回転に伴って腕やクラブなどの重量物が胸の前の軸を中心に左右に移動するため、その場に真っすぐ立っている感覚ではバランスを崩して軸が傾きやすいのです。

それを防ぐために、多くの場合、下半身で腕やクラブを支えたり引っ張り合ったりしてバランスを取ろうとします。人によってはそれを「意識的に体重移動をしている」と表現するのです。

ですが、目的はあくまで軸を安定させることであり、結果として体重移動をしているような感覚が生じることはあっても、体を揺さぶってパワーを生むような動作はあり得ません。重要なのは、「どういう感覚か」ではなく、「どうなっているか」。そこをベースに考えることを忘れないでください。

タメとリリース

「貯蓄」と「解放」を効率よく行ってヘッドを加速させる

腕力だけではスピードは出せない

ゴルフスイングは、再現性の高い動きであることが絶対的な条件ですが、実際にはそれに加えてインパクトで大きなエネルギーを生み出すことが求められます。イン

パクトのエネルギーを高めることは、飛距離を出すためにも、アイアンショットでボールに強いスピンをかけてグリーンにボールを止めるためにも必要で、ゴルフのレベルアップのためには不可欠な要因と言えます。

ここで重要になってくるのが、クラブの加速です。クラブヘッドがしっかり加速しながらインパクトを迎えること。最速の状態でインパクトを迎え、しっかりとボールを打ち抜くこと。そのためには、ダウンスイングでエネルギーを貯め、インパクトに向けて一気に解放する。この「貯蓄と解放」こそが肝心なのです。

貯蓄とは、簡単に言えば「タメ」、解放とは「リリース」です。

長いシャフトの先についたクラブヘッドのエネルギーをインパクトで最大にするためには、腕力に任せて振り回してもダメ。ダウンスイングでタメを作り、クラブをギリギリまでリリースせずに下ろしてきて、インパクト直前で一気に解放する。この動作を効率よく行うことで、最小の力で最大のエネルギーを生み出すのです。これこそが飛ばしの秘訣であり、スイングの肝でもあります。

上下左右に分離して考える

スイングは回転運動プラス上下運動だ

右半身から始めて左と下半身を足す

ゴルフスイングは回転運動だと説明しましたが、実際にはただ回転しているだけでなく、そこに上下の動きが加わることで、クラブをスムーズかつパワフルに振ることができます。言い換えれば、回転運動に縦のフットワークをプラスしたものがゴルフスイングの本質なのです。

この感覚は、スイングの動きを左右、上下に分割して個別に考えてみるとわかりやすいと思います。

まず基本となるのは、右利きの人であれば右半身。右手1本でクラブを持ち、下半身を使わずにボールを打ちます。体の右サイド、つまり右わき、右ひじのテンションや右手首の角度を固定し、回転運動でスイングします（写真①）。

これができたら、左手を足します。両手でクラブを持って同じことをしますが、左手が最初の右手1本での動きを損なわないようにすることが大事です（写真②）。

ここまではシンプルな回転運動

ですが、次はここに下半身の動きを足していきます。先ほどの上半身の動きを妨げないように、下半身は右を踏み、左を踏む。これでスイングの基本動作は完成です（写真③）。

この上下運動は、ひざの屈曲と伸展によって行われますが、体全体が上下に動くわけではありません。前傾を維持したまま、足の曲げ伸ばしによって骨盤の回転を促すのがポイントです。これによって、頭の位置は上下に動かずにキープされ、軸が安定したままスピーディに回転できます（写真④）。

あとは、振り幅が大きくなるに従ってスタンス幅を広げ、動きを大きくするだけです。

① 右手１本で回転で打つ

右手１本でクラブを持ち、右わき、右ひじのテンションを維持し、右手首の角度を崩さずに回転でスイング

② 左手を足してスイング

最初の動きに左手を足して、両手でスイング。左手を足しても右手の動きが変わらないように注意

③ 下半身を足してスイング

ひざの曲げ伸ばしによるフットワークをプラスしてスイング。スタンスを広げ、動きを大きくすればフルショットになる

④ ひざの伸展で骨盤を回す

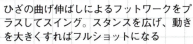

ひざの曲げ伸ばしで骨盤を切り上げることで体の回転を促すが、前傾姿勢は崩さず頭の高さは変わらないことが大事

すべてはインパクトのために

スピンコントロールこそがゴルフの本質だ

「どう当てるか」のためのスイング

このようにスイングを考えていった結果目指すものは何かと言えば、「狙ったところにボールを止める技術」です。これは、とりもなおさず、ボールに与えるスピンの量と質をコントロールすることにほかなりません。

ゴルフは全体的に見ればたしかに飛べば飛ぶほど有利ですが、1発1発のショットを考えれば、基本的には飛びすぎても、飛ばなすぎてもそれはミスショット。カップというターゲットにボールを運ぶ競技である以上、どんなに飛んでも、狙った距離を正確に打てな

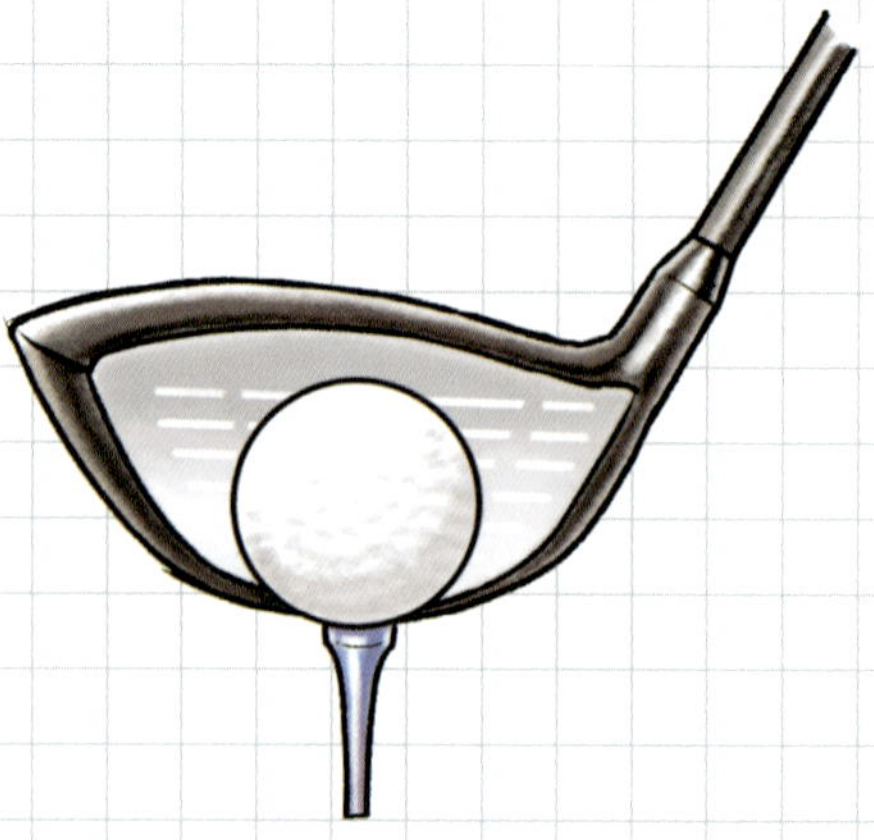

ければ意味がありません。もちろん左右の方向や曲がりについても同様です。

狙ったところに正確に打つためには、ヘッドスピードの安定に加え、ヘッドの入射角やヘッド軌道（クラブパス）、フェースの向きを安定させ、いつも同じ打点（芯）でボールをとらえることで、ボール初速、打ち出し角、打ち出し方向、そしてバックスピン量を揃えることが必要です。さらにはスピン軸の傾きをできるだけ抑えた、いわゆるサイドスピンの少ないスムーズな回転をかけたい。

こういった物理現象は、極端に言えばインパクト前後でのクラブの動きがすべてです。「究極のインパクトエリア」でボールをとらえることができれば、その前後はどうでもいいのですが、人間がクラブを振ってボールを打つ以上、そう簡単にはいきません。インパクト前後の動きを整えるためには、その前段階のダウンスイングが理に適っていることが必要であり、よいダウンスイングのためにはよいトップ、よいトップのためにはよいバックスイング、よいアドレスが必要です。

その意味では、スイングのあらゆる要因は、理想的なインパクトを迎える、その瞬間のために存在します。そのことをつねに念頭に置いてスイングを考えるようにしてください。

狙ったところに正確に打つためには再現性の高いインパクトが必要

球がねじれにくいギア時代のゴルフ
ねじれのないストレートボールを目指そう

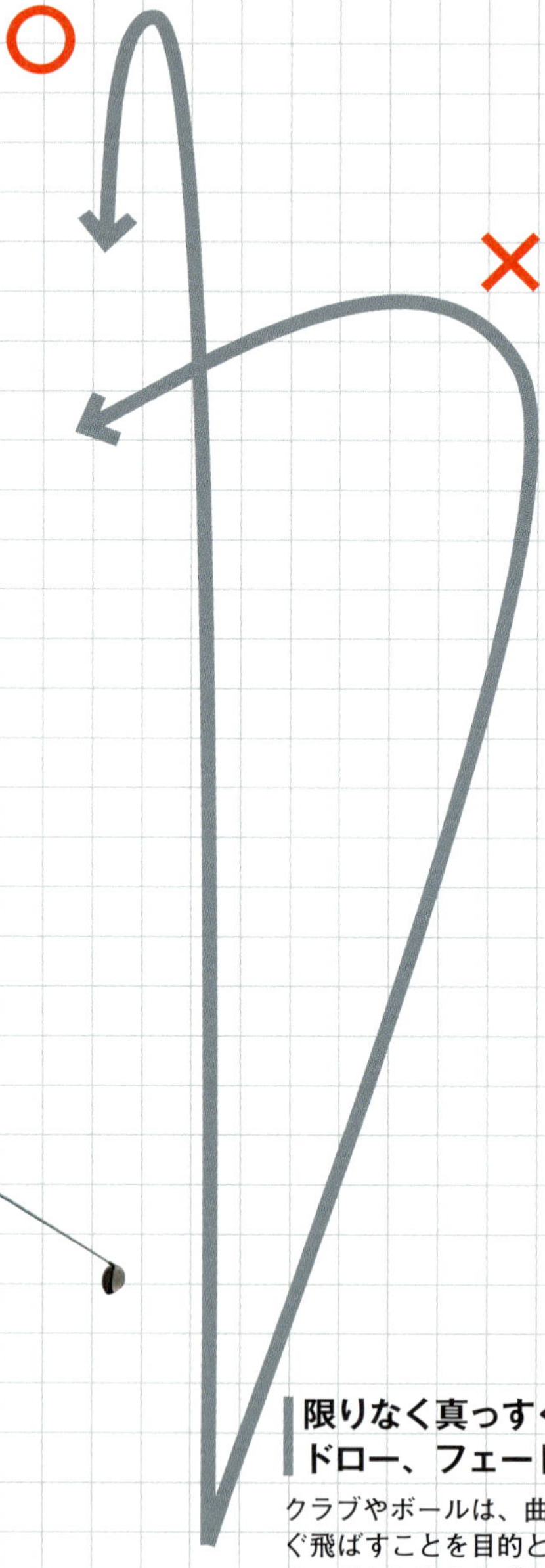

限りなく真っすぐに近い
ドロー、フェードを目指そう

クラブやボールは、曲がらずに真っすぐ飛ばすことを目的として進化してきた。それに逆らわず、できるだけ真っすぐに近い弾道を目指そう

ボールが曲がる仕組みを知ろう

ムダのないよいインパクトは、ねじれのない真っすぐなボールを生みます。やはり目指すべきところは、きれいな順回転のかかった真っすぐなボールであるべきです。

かつて、ゴルフクラブが重くて芯が狭く、真っすぐ飛ばすのが困難だった時代は、強めのフックボールをコントロールする技術にも一定の意味がありました。

しかしそれでも、世界を制し、ナンバー1に長く君臨したような選手には、ボールを大きく曲げてプレーする者はほとんどいなかったはずです。最近ではゴルフクラブが進化し、ねじれのない真っすぐな球を打つことがより容易になっていることを考えれば、ボールを曲げてゴルフをすることのメリットは、より少なくなってきています。

しかし同時に、ゴルフにおいて「真っすぐ」という弾道は許容範囲があまりにも狭いのも事実です。その意味では、ある程度自分の持ち球を考慮したうえで、「限りなく真っすぐに近いドロー」であったり、「限りなく真っすぐに近いフェード」というのが理想的な弾道と言えるでしょう。

その過程として、球が曲がる原理を知り理解するために、球を曲げる練習をすることも必要です。おそらく100パーセントすべてのゴルファーが、上達の過程で球が曲がって悩むという経験をしており、それを克服することでレベルアップしているはずです。

しかし、球が曲がる原理を知らなければ、それを抑えることはできません。

本書では、別途章を立てて（第8章）球が曲がる仕組み等について説明しますので、参考にしてみてください。

スイング撮影のポイント

ターゲットに対してスクエアに撮影しよう

いつも同じ角度で撮影することが大事

本章の最後では、スイングを研究・分析するために重要な写真や動画の撮り方について説明しておきたいと思います。

スイングを研究するためには、客観的な視点が不可欠で、スイングの連続写真や動画は非常に有効な手段です。いまはスマートフォンなどの普及により、誰でも簡単に撮影できるようになりました。これを使わない手はありません。

しかし、スイングを比較・検討するためには、動画や写真を同じ視点から撮ることが非常に大事です。とくにクラブの動きなどは、カメラのアングルが違ってしまうと見え方が全然変わってしまうので、参考になりません。

以下では、フロントビュー（体の正面側）とバックビュー（飛球線後方側）のカメラ位置と撮影のポイントを説明しますので、できるだけこれに準じて、いつも同じアングルで撮るように注意してください。

FrontView

正面

ターゲットラインに正対してグリップの高さから撮る

ボール位置でカメラ位置を決めてしまうと体の向きがズレやすい

カメラはグリップの高さで、ボールと目標を結んだ線に対して直角になる位置から撮影する。体の向きに合わせたり、ボール位置を「スタンスの真ん中」とか「左かかと前」などのように合わせると、アドレスのズレや個性がわからなくなってしまうので注意。できれば被写体から2～2.5メートルくらい離れて撮りたい

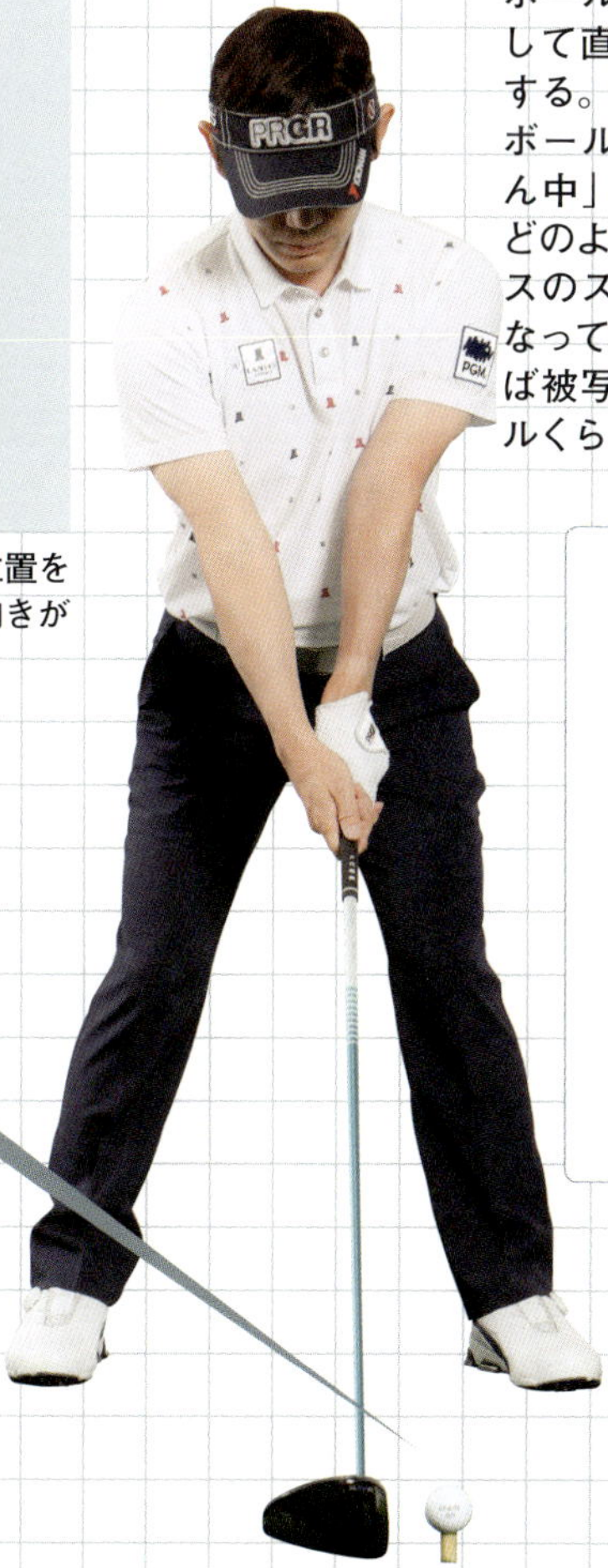

ボール位置で合わせない

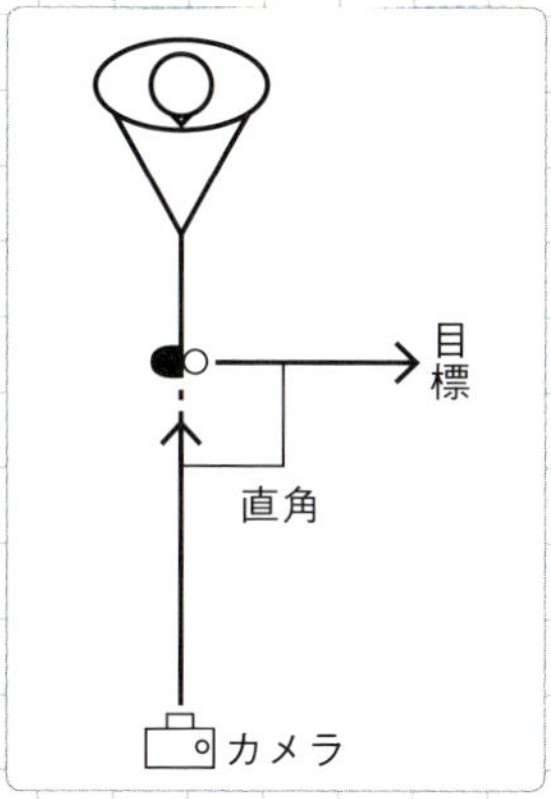

BackView

後方

グリップのちょっと下が目標と重なるように撮る

カメラはやはりグリップの高さ。通常のショットの場合は、グリップの少し下くらいの部分が150Y くらい先の目標と重なるように撮る。ただし、30Y 前後の短い距離の場合はズレて見えるので、ボールとターゲットが重なるように撮ってもよい。できればやや望遠系のレンズで、被写体から最低 2.5 メートル以上離れて撮りたい

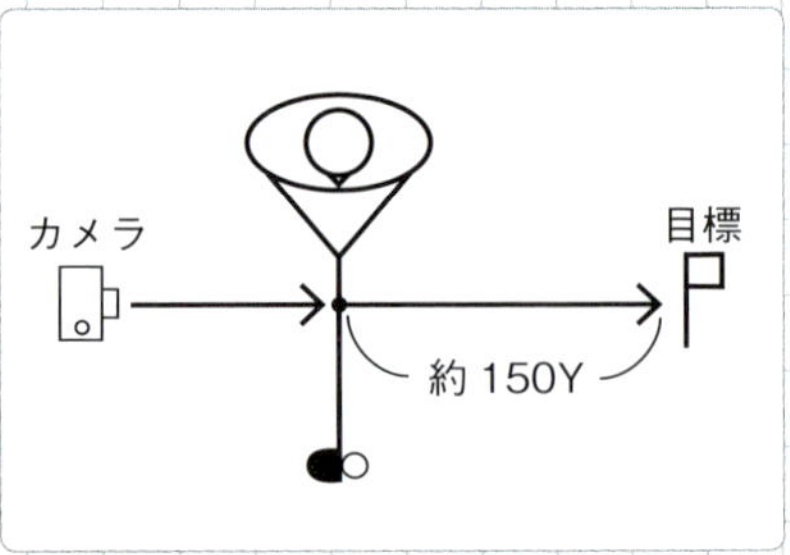

アングルが違うと体の動きもクラブ位置も違って見えてしまう

第1章

グリップ

グリップはすべての出発点

グリップは
クラブと体の唯一無二の接点

特殊な握り方ゆえ
きれいに握るには
練習が必要だ

最初の違和感に負けてはいけない

　ほとんどのゴルフのレッスン書は、グリップから始まりますし、本書もその例に漏れません。

　それは、クラブという道具を使ってプレーするゴルフという競技において、そのクラブをどう握るかは非常に重要なポイントであるからです。

　グリップはクラブと体の唯一無二の接点であり、グリップを正しく握れていなければ、仮に体がどんなに理想的な動きをしたとしても、その動きをクラブに正しく伝えることはできませんし、現実的には、グリップの握りが悪ければ体がよい動きをすることはあり得ません。言い方を変えれば、正しくグリップできていなければいいスイングは決してできないと言っても過言ではないのです。

　しかし、それほど重要な要素であるにもかかわらず、アマチュアゴルファーのほとんどはグリップを正しく握れておらず、その結果、いいスイングができていません。

　なぜなら、ゴルフのグリップは非常に独特な握りを要求するため、何の知識もなしに握ろうとしても正しく握れないうえ、とても「握りにくい」ものだからです。

　ゴルフを始めた最初の段階できちんと意識して正しい形が自然と作れるようになるまで訓練し続けなければ身につきにくく、とても崩れやすい。自分が気持ちいいように、楽をして握るクセがついてしまうと、正しいグリップは身につかないのです。

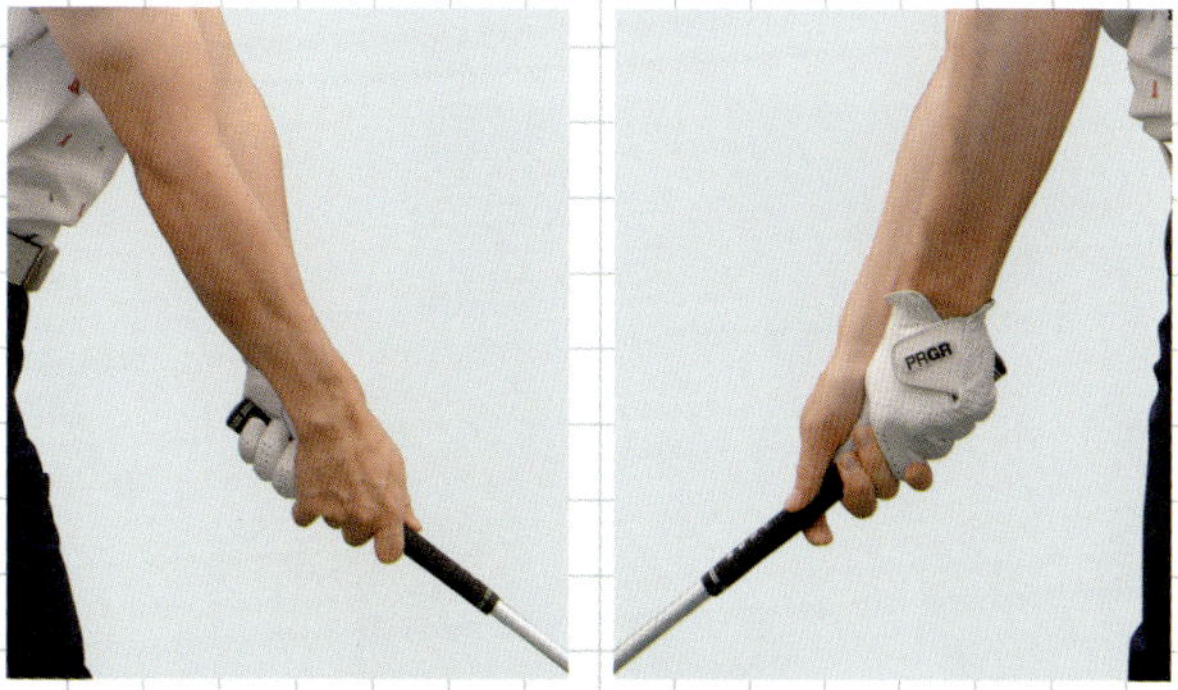

非常に独特で、ほかのスポーツにはない握り。誰にも教わらずに最初から正しいグリップが作れる人は存在しないだろう

右手の動きを制限する

フェース面をうまく管理するための独特の握り方

握る「向き」も非常に大事

ゴルフのグリップがこれほど特異な形状で正しく握るのがむずかしいのには、いくつかの理由があります。

握りの特異さという点では、ク

ストロンググリップ

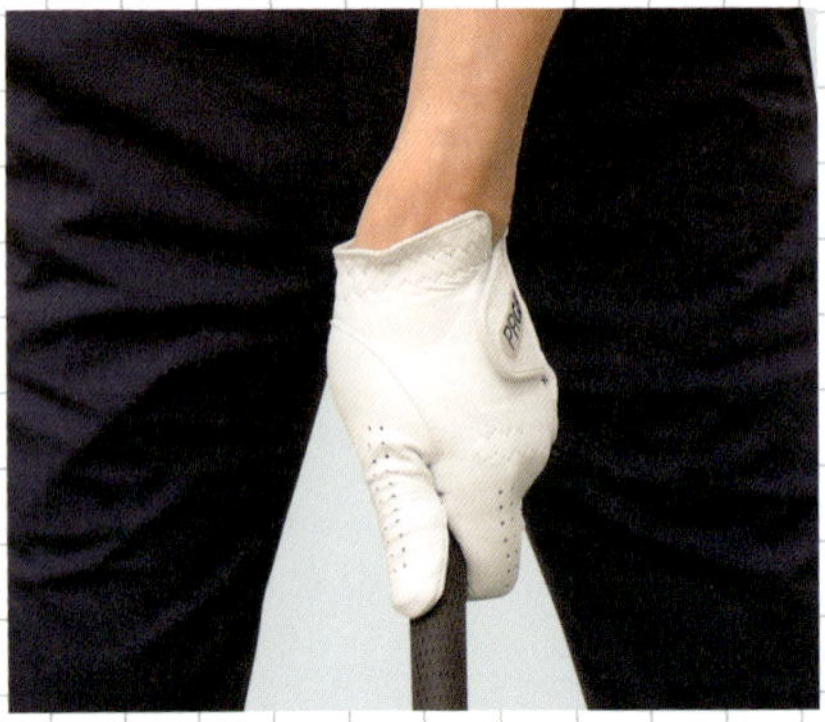

ウイークグリップ

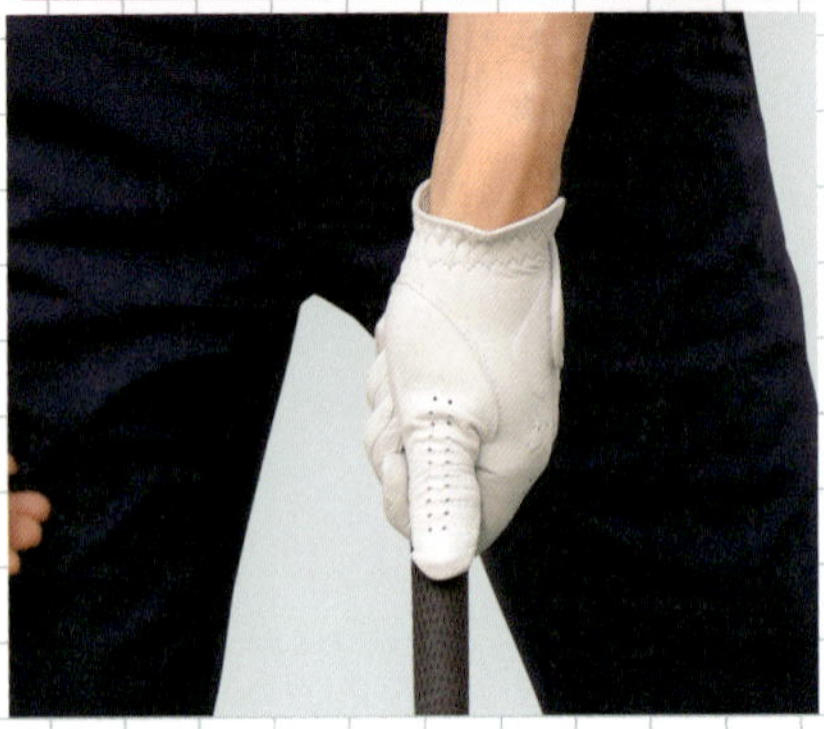

ラブの形状による部分が大きいでしょう。

序章でも述べたように、ゴルフクラブは野球のバットのような円筒形ではなく、ボールを打つ部分が面状になっており、上下左右が決まっています。この点は卓球のラケットなども同様ですが、卓球のラケットと違うのは、ボールを打つフェース面がシャフト軸線から横に突き出していること。この面の管理こそがゴルフスイングのキーポイントなのです。

そのためまず、グリップをどの向きで握るかという点が大きな問題になります。インパクトの瞬間、力が入ったときにフェースがどこを向くか。ストロンググリップ、ウイークグリップといった握りのバリエーションは、こういった部分と関係しています。

また、ゴルフのグリップは、多くの場合右手の小指側を左手と干渉させ、右手を使いにくくしています。これは、フェース面を繊細にコントロールするため、あるいは繊細になりすぎないようにするために、フェースのターンに大きな影響を及ぼす右手の動きを制限する意図があります。

利き手である右手が使いにくいということは、やはり最初は違和感があるのも当然ですので、歪み（ゆが）やズレが生じやすいのです。

インターロッキンググリップ

オーバーラッピンググリップ

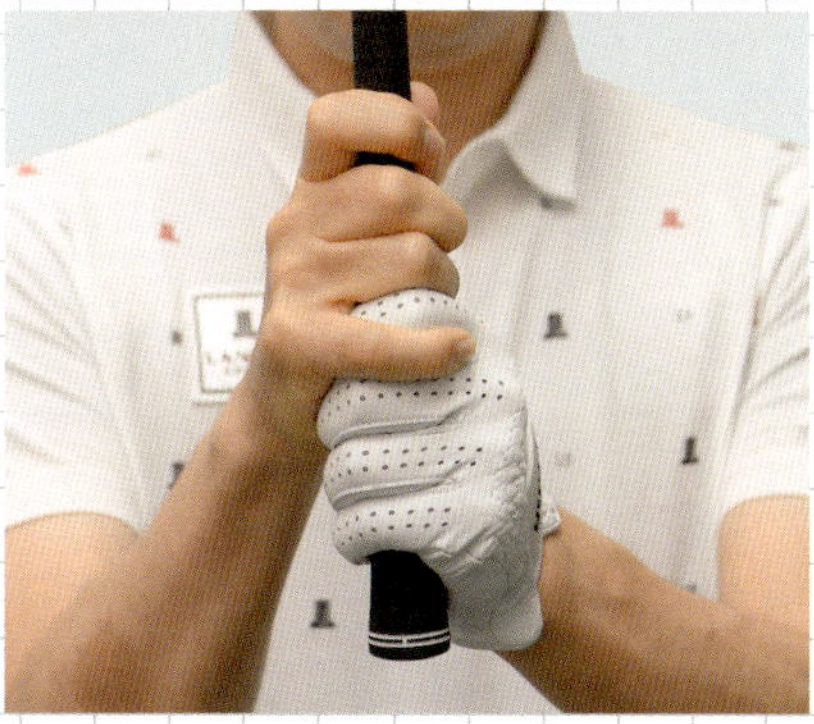

グリップの形は1つではない

自分の〝骨格〟に合ったグリップを探そう

100人いれば100通りの握り

グリップの具体的な話をする前に、最初に言っておきたいことは「グリップは基本ではない」ということです。

「基本」というのが、ゴルファーが100人いたらほぼ全員に共通するポイントだとすれば、グリップは100人に100通りの握り方があります。だからこそ複雑であり、一概に「こう握れ」と決めつけられないのです。

ではその決まった形のないなかで、自分に合ったグリップとは何なのか。グリップの握りは何で決まるのかと言えば、「骨格」です。

腕の長さ、関節の向きや柔軟性など、アドレスしたときの関節のポジションに合った握りというのが、その人にとってもっとも自然なグリップなのです。

しかし、実際にどう握るのが自分に合っているかというのは、ある程度の傾向はあるものの、映像などで見ても自分では判断しにくく、そういった知識の豊富なコーチなどにチェックしてもらう必要があります。

実際問題として、自分に合ったグリップを探すには、いろいろ試して、たくさん球を打つ以外にありません。1日や2日試してみてよさそうとかしっくりこないとか軽々しく判断してはいけません。新しい握り方は、最初は必ず違和感が伴うものですから、正しく握れるまで練習し、握り自体の違和感がなくなるまでたくさん球を打ってから判断してください。球数を打っているうちに、球筋や出るミスの傾向などがなんとなくわかってきます。もちろん、練習場だけでなくコースで試すことも重要です。

そうしているうちに、合わないグリップは「これはダメだ」ということがわかってくるはずです。プレッシャーがかかる場面でイヤなミスが出たり、自分のイメージと実際の弾道の整合性がいつまでも取れない場合は、そのグリップは合っていないということになります。

どのくらいストロングに握るかといった、程度としてのグリップのバリエーションは非常に多様ですので、これはとてもたいへんな作業ですが、非常に重要なことでもあるので、注意深く取り組んでください。

体格や骨格
関節の向きなどが
グリップを左右する

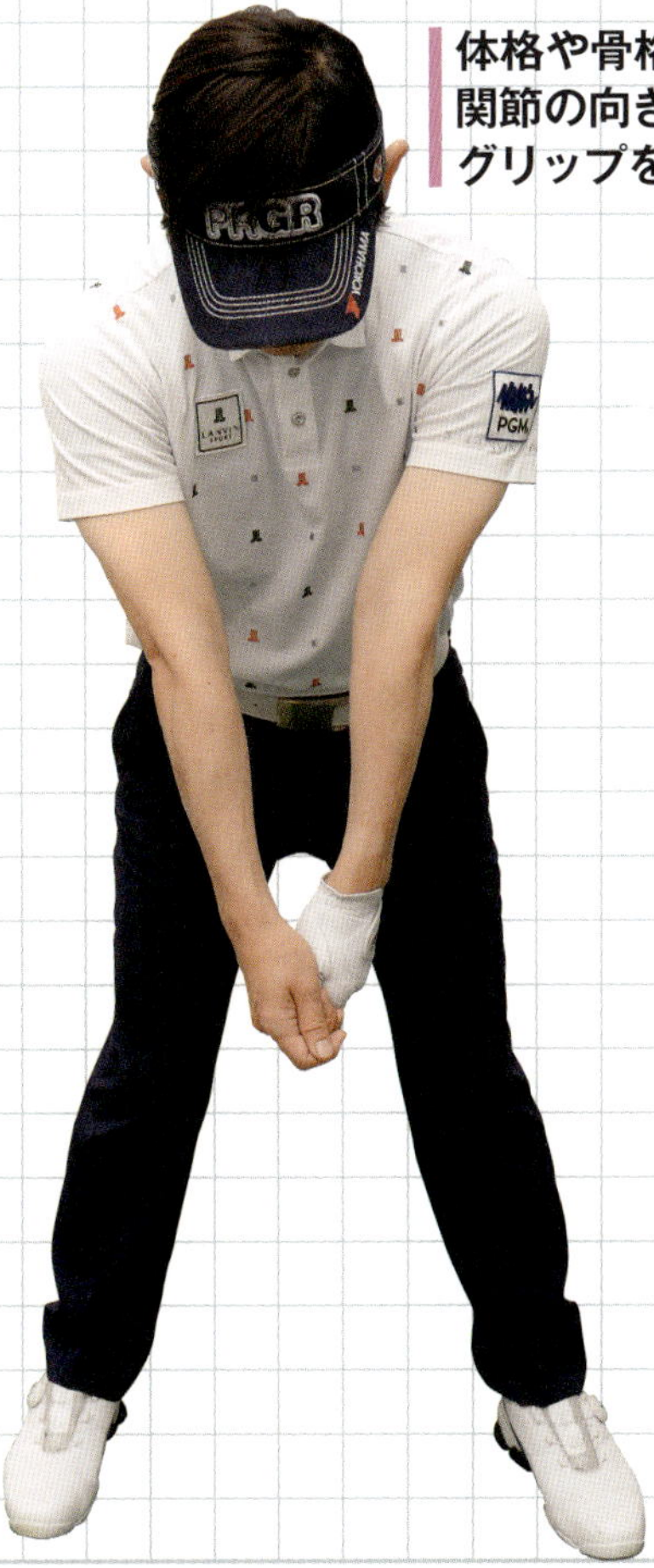

5本の指がゆるまないように

左手の3本と右手の2本でしっかりホールド

小指側を使うとわきが締まる

左右の小指から中指までを主体にして握ることで腕の内側の筋肉が使え、自然とわきが締まる

親指と人差し指は強く握らない

具体的な握り方については、基本的にはどんな握り方であっても、左手の小指、薬指、中指の3本と、右手の薬指、中指の2本、この合計5本の指でグリップをしっかりホールドすることが重要です。

このように腕の小指側の指を主体にしてグリップすることによって、腕の内側の筋肉が使いやすく、わきを締めたまま自然に体を回転させることができます。

握りの強さは、ウイーク気味の人はゆるみやすいぶん左の3本を強めに握ったほうがいいですし、ストロング気味の人はそれほど強く握る必要はありません。しかし、いずれにしても要となるこの5本がゆるまないことが重要。5本の指だけでクラブを握ってもスイングできるような形、力感を目指しましょう。

テンフィンガー以外の場合、左手の3本に右手の2本を密着させ、両手に一体感を持たせます。

一方、親指や人差し指にギュッと力が入るのはNG。アマチュアには右手の親指や人差し指を強く握ってしまう人が多いのですが、こうなると腕が内旋するように力が入り、わきがゆるみやすくなります。グリップの上側がすり減っている人やグローブの親指に最初に穴が開く人などは要注意です。

左手は3本をしっかり握る

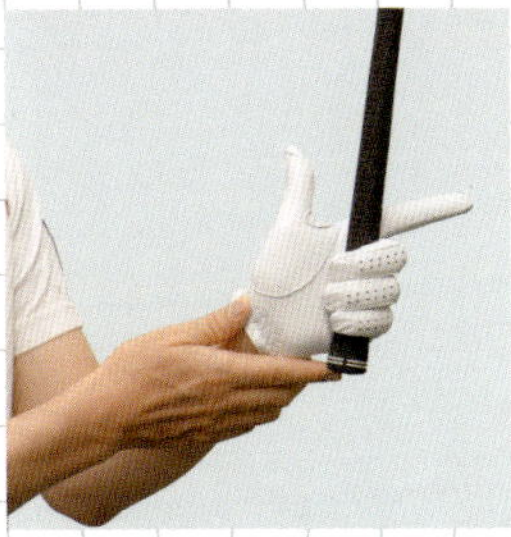

左手は小指、薬指、中指の3本をしっかり握る

右手は中指と薬指

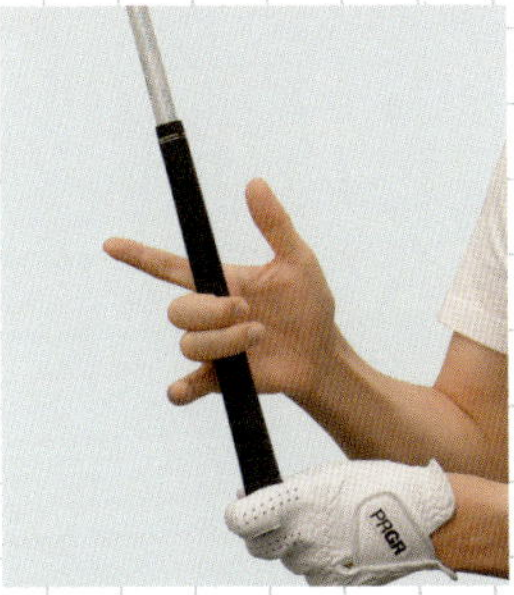

右手は小指を左手に絡める（乗せる）ので薬指と中指で握る

両手を密着させる

左手の人差し指と右手の薬指を密着させ、一体感を持たせる

キレイなグリップの条件

〝締まり〟のあるグリップを作ろう

両手の密着感が必要不可欠

グリップの良し悪しを判断する際に大きなポイントとなるのがグリップの「締まり」です。

「締まり」とは抽象的ではありますが、クラブがしっかりとホールドされていながら必要以上の力みがなく、左右の一体感とグリップへの密着感のある状態、というイメージでしょうか。

ムダな力みがあるのもダメですが、手とグリップの間に必要以上に隙間が空いていたり、左右の手が離れていてバラバラになっていては、クラブがグラついてスムーズに操作できませんし、その結果力みを生むことにもつながります。

とくに左手の人差し指と右手の薬指（インターロッキング、オーバーラッピングの場合）がしっかりと密着し、左右の手が1つのユニットとして機能するように握ることが重要です。

ゴルフスイングとは、突き詰めてしまえば「両わきを締めたまま体をターンさせる運動」です。こ

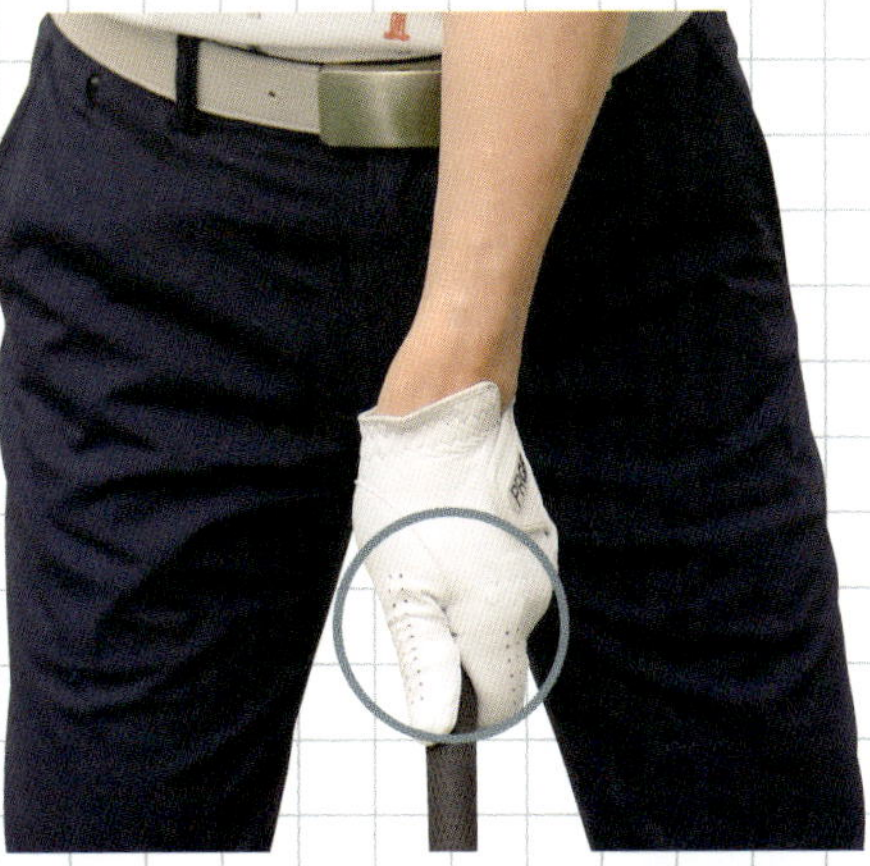

クラブがグラつかないように密着

手とグリップがピタッと密着し、グラつかないこと。そして左右の手に一体感があることが重要。右手の人差し指は直角に曲がって銃の引き金を引くような形

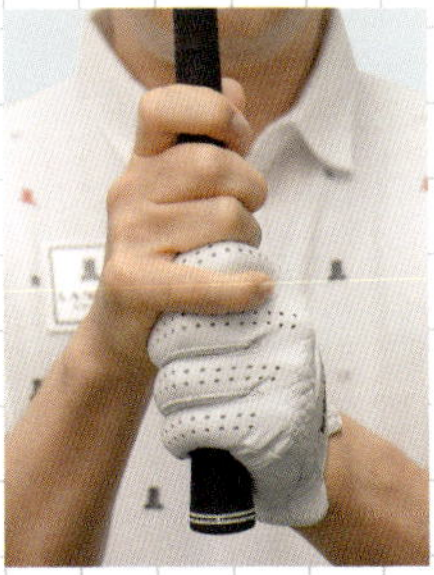

右手の人差し指は「トリガー」状に曲がって」、その上にグリップが乗る

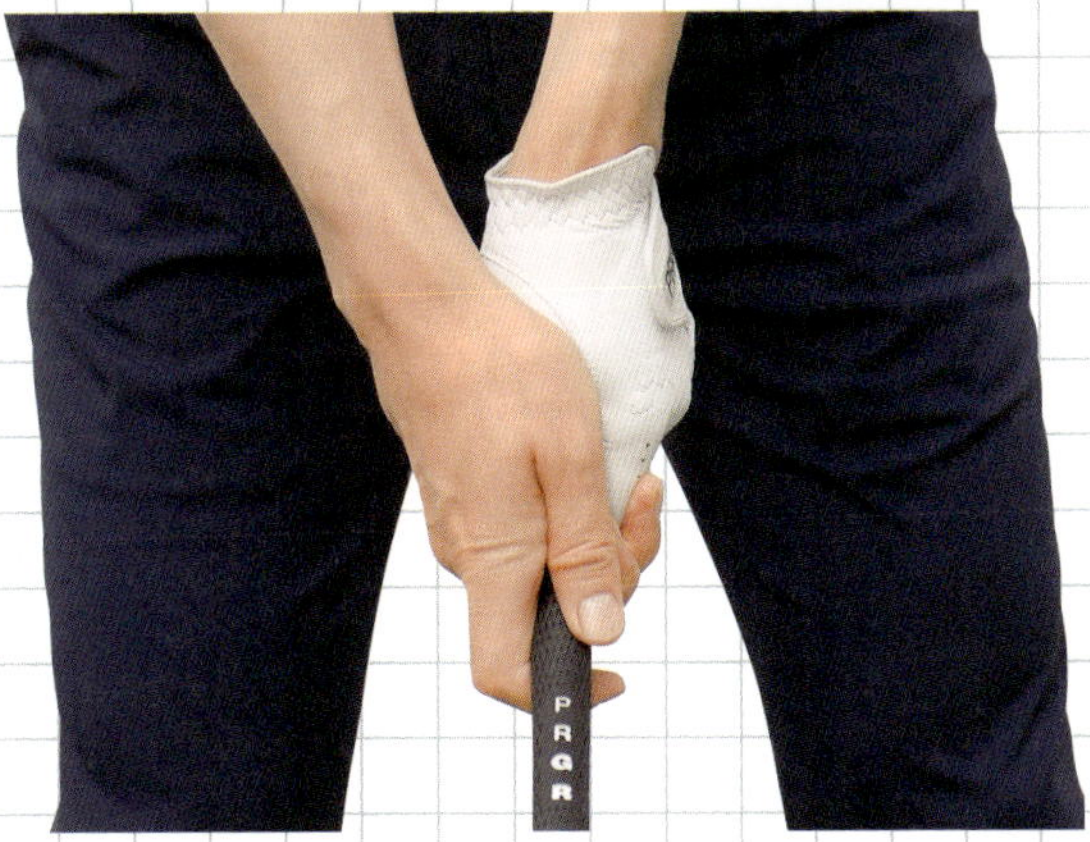

の前提となるわきの締まりをキープするためには、グリップの締まりが不可欠なのです。

この複雑な形は、先人たちの経験によって作り上げられ、洗練されてきた研究の結晶にほかなりません。

そして、以後本書で説明していくスイング理論のすべてが、正しいグリップなしには意味をなさないと言っていいほどグリップは重要です。

「自分にとって気持ちのいい握り」にはひとつのメリットもないのだということを自覚し、見つめ直してみてください。

左手の甲が目標を向く

左手親指がグリップの真上に乗るのがウイークグリップ

昔のスクエアがいまのウイーク

ここからは、グリップの握りのバリエーションについて説明していきます。

まず最初はウイークグリップです。ウイークグリップとは、左手

左手の親指がグリップの真上

現代ではこのくらいが最大にウイーク。左手の甲が目標方向を向く

をややから持つようにしてグリップする握り。基準としては、左手の親指がグリップの真上に乗っているくらいの形です。そのため、左手の甲が目標方向を向き、手のひらとグリップの接地部分が大きいパームグリップ的な握りになるのが特徴です。

　ウイークグリップは、積極的にフェースローテーションしながら打っても球が「つかまりすぎない」のが大きな特徴です。そのため、強いローテーションで球をつかまえなければ飛ばせなかったパーシモンやメタルヘッドドライバー時代には、左へのミスを防げるグリップとして推奨されてきました。

　しかしクラブの進化に伴って、ヘッド自体が球をつかまえてくれるようになり昔ほど強いローテーションが必要とされなくなった現代では、ウイークに握る選手の比率は減りました。

　ウイークグリップは、ひじが下を向いた状態のほうがわきが締まる人に向いています。スイングとの関連性は別途解説しますが、インパクトゾーンでの左前腕の回旋量が大きくなり、意識的にローテーションをしながら、体の開きを抑えて強いヘッド・ビハインド・ザ・ボールで球をとらえるスイングが必要になります。

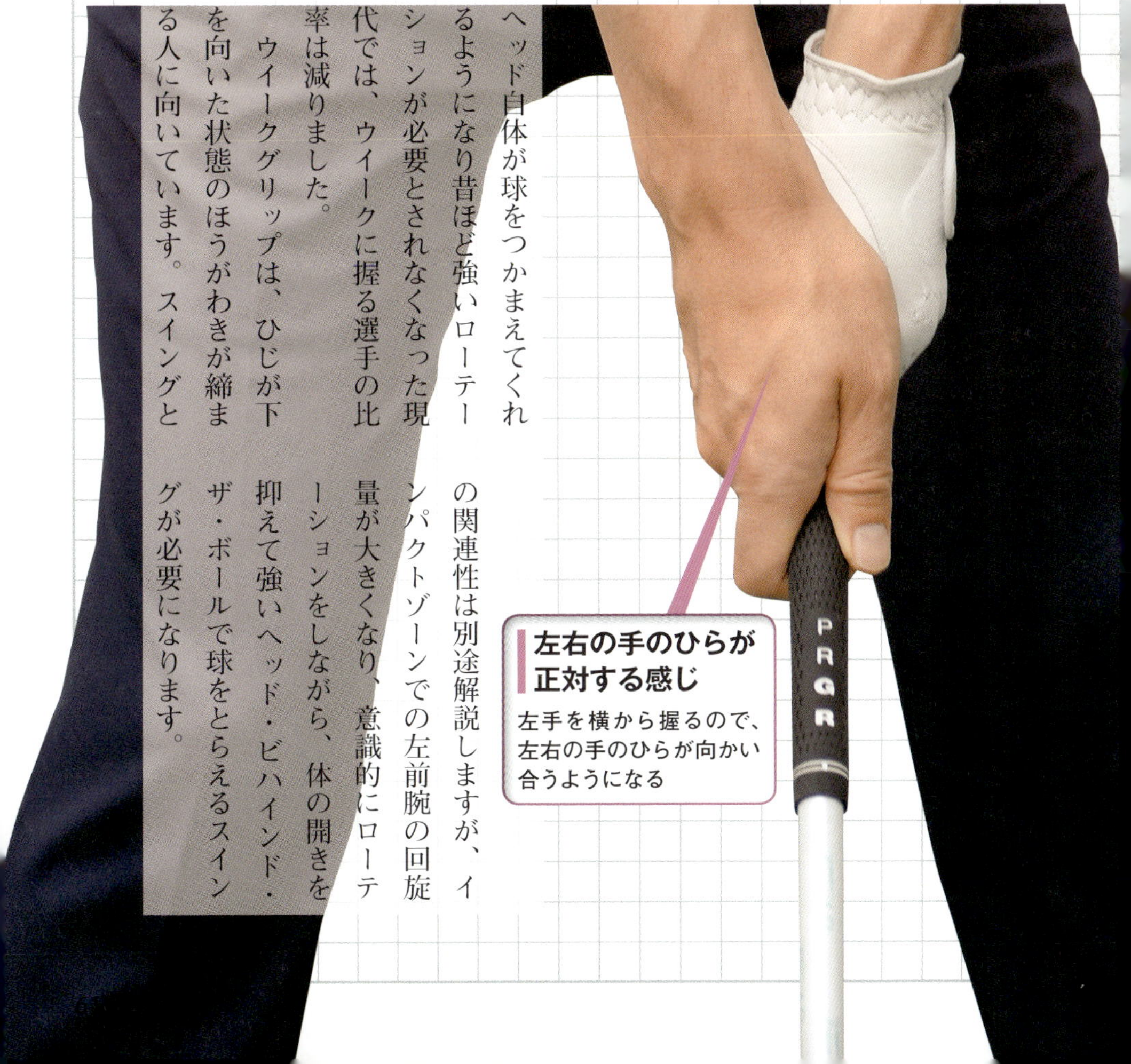

左右の手のひらが正対する感じ

左手を横から握るので、左右の手のひらが向かい合うようになる

左手を上から握るグリップ

左手親指が指1本ぶん以上右に外れるのがストロング

フィンガー気味にソフトに握りたい

左手を横から持つウイークグリップに対して、左手をグリップの上から添えるように握る握り方をストロンググリップといいます。フックグリップという呼び方もあ

指1本ぶん以上左手親指が右寄り

ウイークグリップよりも左前腕が内旋され、左手親指が右側に外れる

りますが、どちらも同じものを指しています。

左手の親指がグリップの真上から指1本ぶん以上右にズレていればストロンググリップと呼んでいいでしょう。そのため、正面から見るとグローブのベルクロ部分がよく見え、左手の指の付け根の山が4つ全部見えるくらいの握りになります。

ストロンググリップは指を主体にグリップを握るフィンガーグリップになりやすいため、指に引っかけるように握ればあまり力を入れなくてもグリップをホールドできます。ですので、ウイークグリップの場合よりは、左手の3本の指の力感が弱めでもクラブをしっかり握れるでしょう。

左手の甲というよりは左手の小指付近が目標に向くような握りになり、スイング中は体の回転でスイングをリードするようにして、インパクトゾーンで左腕をあまり強くローテーションせずに振り抜いていくスイングが求められます。

また、ダウンスイングの早い段階でフェースが左を向いてくるので、ハンドファーストにインパクトすることでフェースを真っすぐに合わせるのがポイントです。

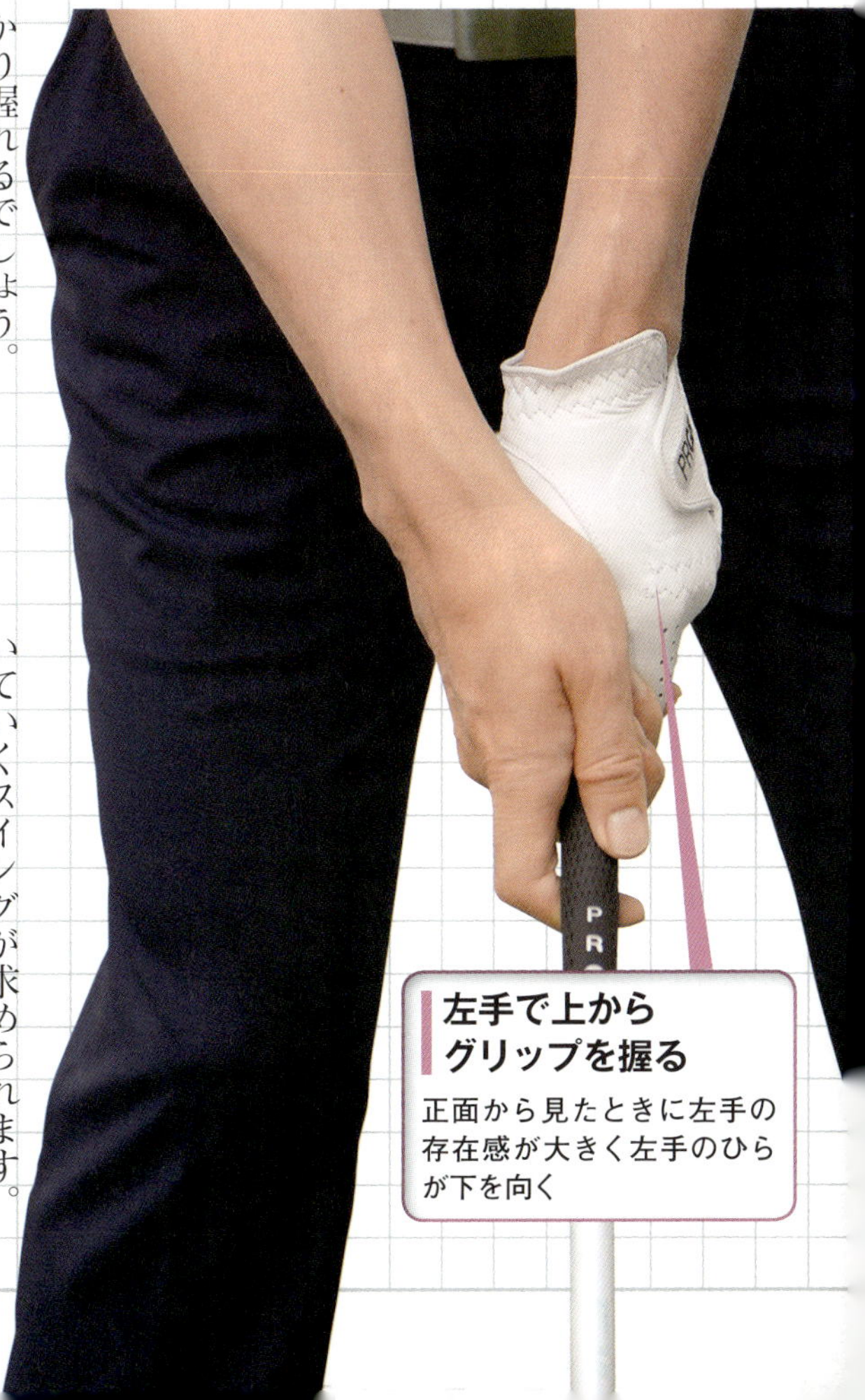

左手で上からグリップを握る

正面から見たときに左手の存在感が大きく左手のひらが下を向く

「スクエア」だから正しいわけではない

ウイークとストロングの間の握りがスクエアグリップ

微調整しながら試してほしい

最後に説明するのはスクエアグリップです。

まず誤解しないでほしいのは、スクエアグリップとはウイークグリップとストロンググリップの中

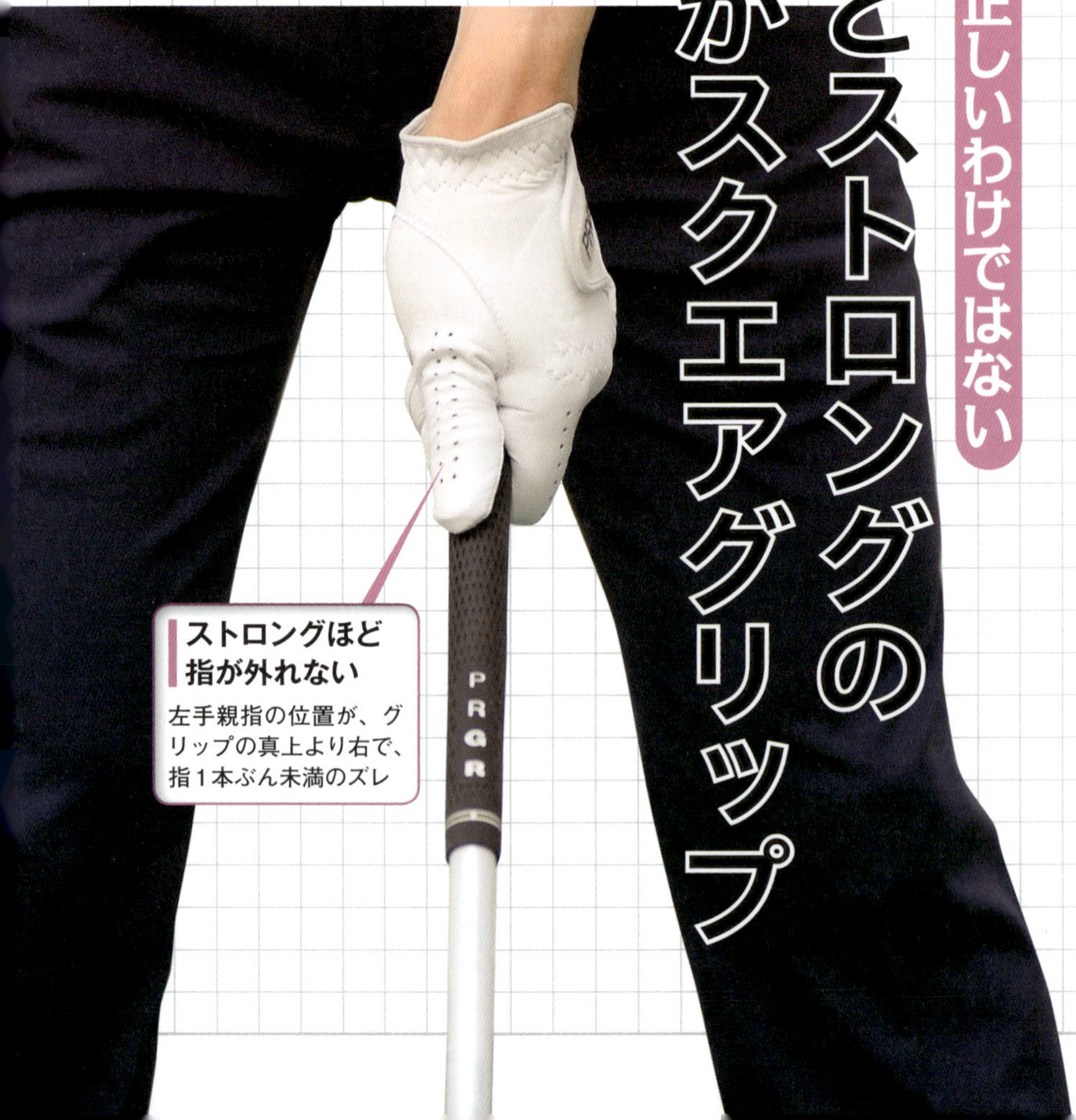

ストロングほど指が外れない

左手親指の位置が、グリップの真上より右で、指1本ぶん未満のズレ

間の握りを指す言葉でしかないということです。

　ゴルフにおいては「スクエア」という言葉が非常に肯定的な意味で使われる場合が多いうえ、「スクエアグリップがよい握りだ」という指導をするプロゴルファーも多かったため、スクエアグリップこそがいい握りで理想のグリップであるというようなイメージを持っている方も多いようです。しかし、ストロングかウイークかスクエアか、どの握りがよいというのは、その人の骨格や打ちたい球の目的に左右されるものであって、万人に共通の正解はありません。

　ですからスクエアグリップは、「スクエア」という名前ではあるものの、どこかが何かに対してスクエアになっているというわけではなく、ウイークよりもストロング寄りで、左親指のズレが指1本未満の握りを指します。その意味ではある程度の幅を持った、ウイークでもストロングでもない握りはすべてスクエアです。

　ウイークでもストロングでもしっくりこなかった人は、その中間のスクエアグリップを、いろいろ微調整しながら試してみてください。ウイーク寄りのスクエアも、ストロング寄りのスクエアもありますが、大事なのは言葉ではなく、形なのです。

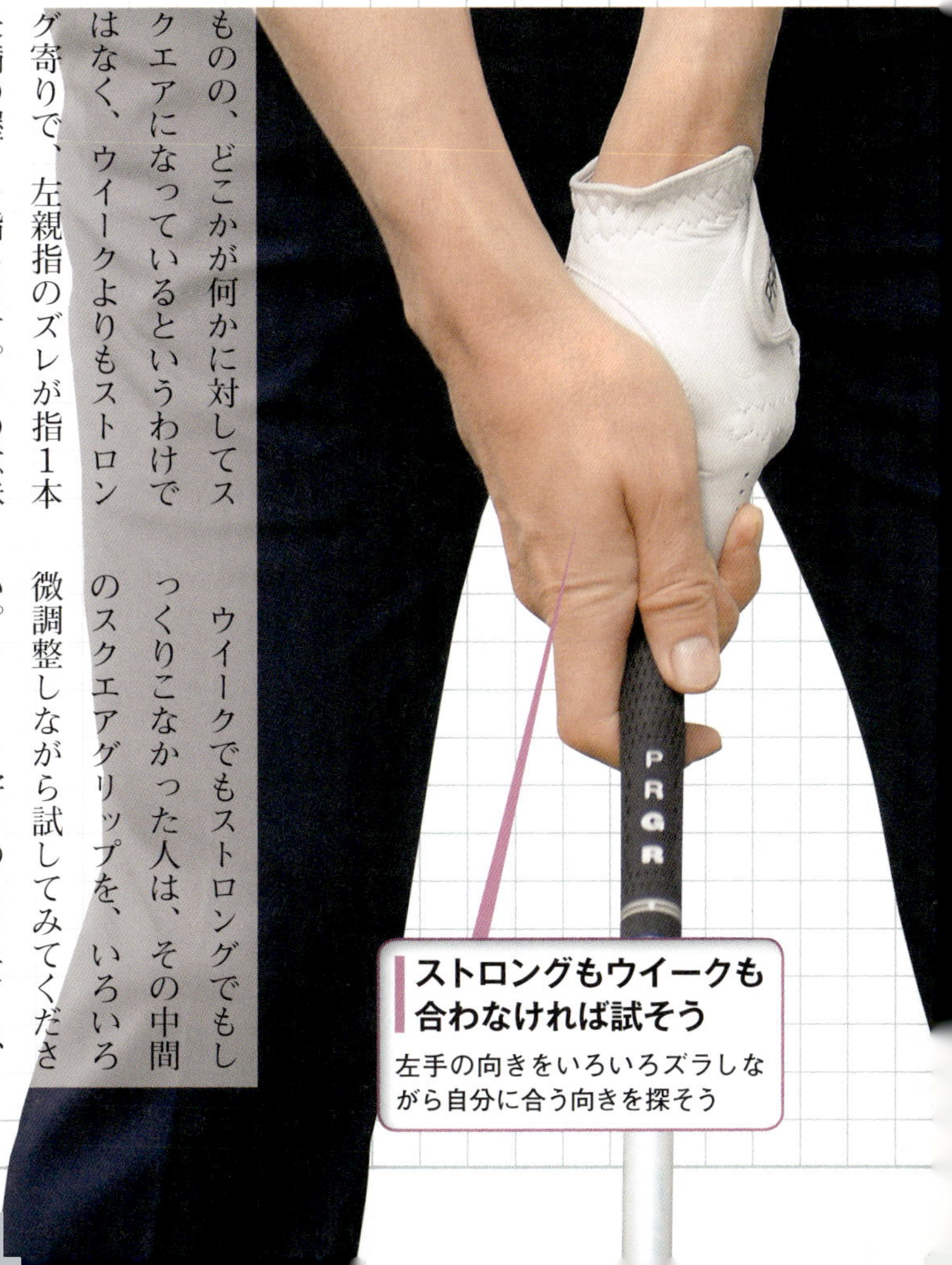

ストロングもウイークも合わなければ試そう

左手の向きをいろいろズラしながら自分に合う向きを探そう

手のひらをターゲットに向ける

どのグリップでも右手は真横から握る

親指と人差し指の締まりも重要

ここまで説明してきたウイーク、ストロング、スクエアというグリップの握りは、基本的には左手の向きで決定するものです。

では、それぞれの左手に対して右手をどう握るかといえば、基本的にはすべて「真横から」でよいでしょう。

右手と左手が正対するように握ると、左手を横から握るウイークグリップやウイーク寄りのスクエアグリップなら問題ありませんが、強いストロンググリップの場合、右手のポジションが不自然に下からになったり、アドレスの体の向きが歪んだりしやすいというリスクがあります。

ただし、どうしても球がつかまりにくい人は例外的に、ストロンググリップで、かつ右手を左手と正対するようにやや下から握ることで、よりフェースをクローズに、クラブをインサイドから入れやすくする方法もあります。

まず左手のグリップを作ったら、

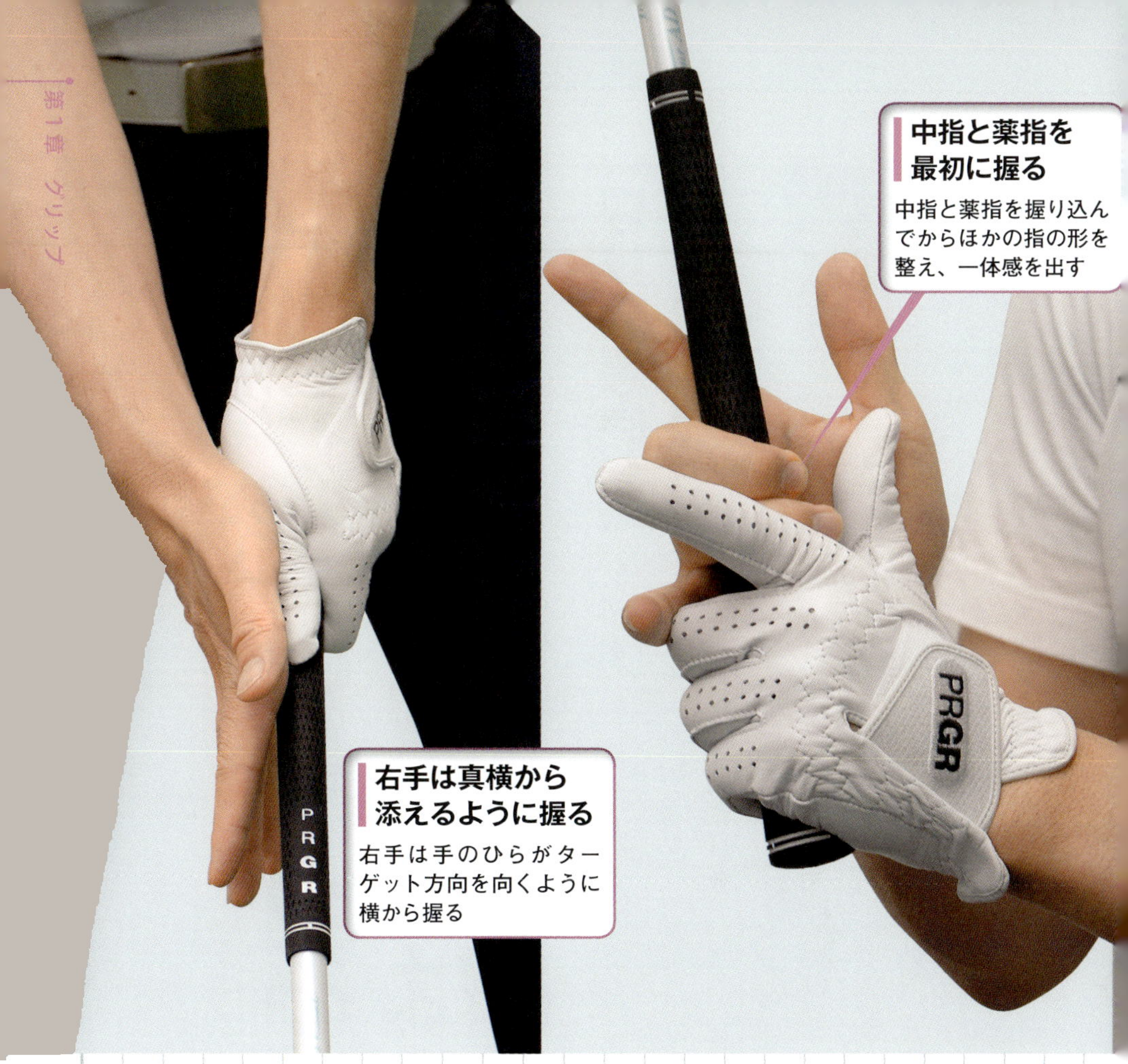

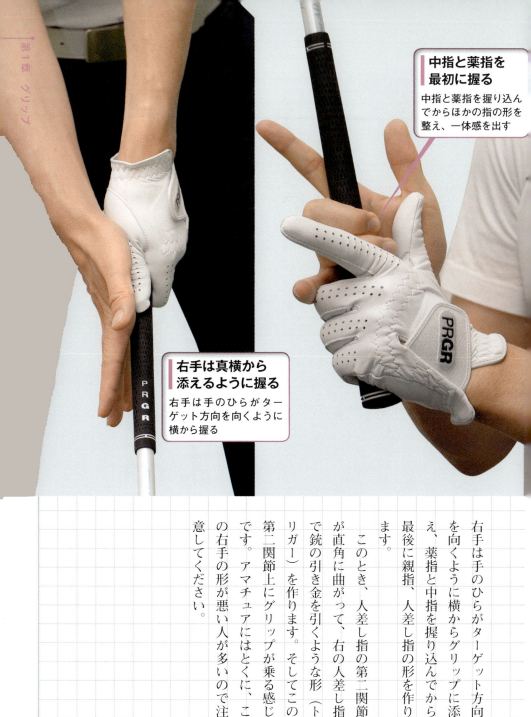

右手は手のひらがターゲット方向を向くように横からグリップに添え、薬指と中指を握り込んでから最後に親指、人差し指の形を作ります。

　このとき、人差し指の第二関節が直角に曲がって、右の人差し指で銃の引き金を引くような形（トリガー）を作ります。そしてこの第二関節上にグリップが乗る感じです。アマチュアにはとくに、この右手の形が悪い人が多いので注意してください。

デスグリップ

グリップのゆるみや歪みは〝個性〟ではない

握りが悪いと上達できない

グリップは骨格的に自然であることが重要で、十人十色、決まった形はないと言いましたが、守られていなければならないポイントが崩れているものはNGです。

そういった「デスグリップ」は体のスムーズな動きを損なったり、クラブの自然な動きの邪魔をするため、上達の妨げになったり、特定のミスの原因になったりします。

アマチュアにとくに多いのが、右手に締まりがなく、右手人差し指のトリガーがなくて、右手の親指や人差し指を使ってグリップを握ってしまうパターンです。

もちろん左手がゆるんで、親指がグリップから外れ、密着していないのもNGです。

また、右手を上からかぶせるように握ったり、反対に下から握りすぎて構えが歪んでいる人も多く見られます。後者の場合、右手親指の（自分から見て）左側から左手の親指が見えていたりしますが、これも典型的なデスグリップです。

デスグリップ①

右手を上から握りすぎ アドレスが歪んでいる

右手をかぶせるように上から握りすぎると左右のバランスが崩れ、右肩が前に出やすいなど、アドレスにも悪影響が出る

デスグリップ②

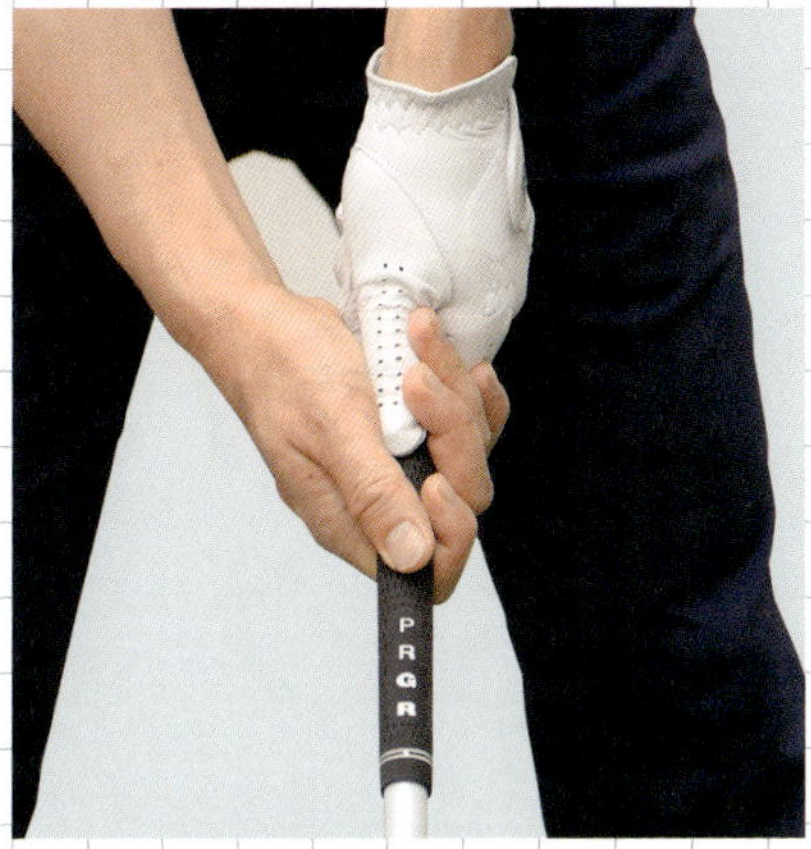

右手の握りが歪んで 左手の親指が見える

右手を下から握りすぎて、左親指が右手のひらの隙間から見えてしまっている。右肩が下がってアドレスも歪みやすい

デスグリップ③

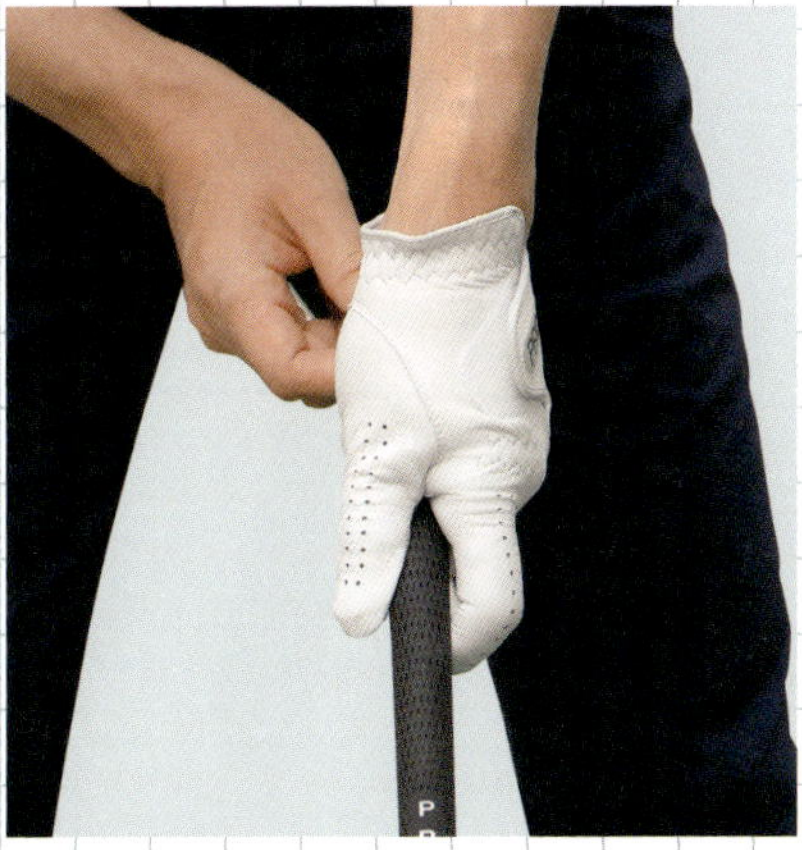

左手に締まりがなく 親指がグリップから外れる

左手の親指がグリップ上から外れ、親指と人差し指の間がゆるんで手とグリップに密着感がない

デスグリップ④

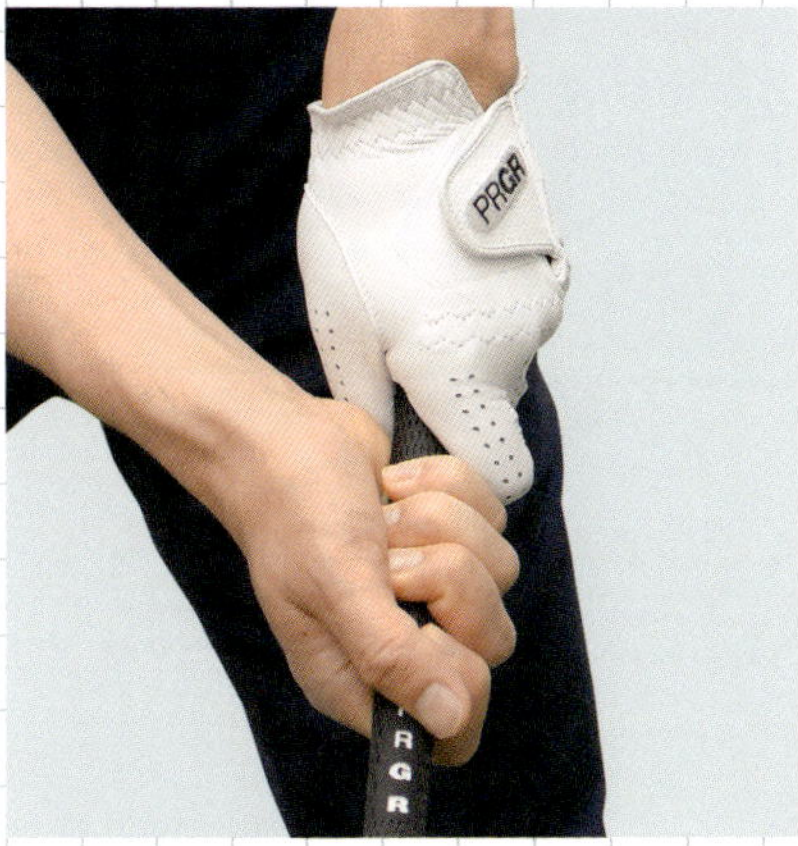

右手のひらで グリップを握っている

右手で棒を握るように手のひらでグリップを握る、いわゆる「クソ掴み」。V字の締まりも人差し指のトリガーもない

わきが締まってボールを押せる形

インパクトでいちばん力の入る握りをしよう

何のためのグリップかその目的を考える

ウィーク、ストロング、スクエアと、いろいろなグリップの形を紹介してきましたが、どのグリップが本当に自分に合っているかは、その人の骨格や体型によりますし、

アドレス
アドレスもグリップもスクエアなインパクトのためのもの

前述のようにたくさんの球数を打ち、コースでプレーしながら試さないとわかりません。

　ですが、基準となるのは「インパクトでいちばん力の入る握り方が合っている」ということです。グリップをどう握るべきかはすべて、インパクトでスクエアにボールをとらえ、スイングのエネルギーを効率よくボールに伝えるための方法論です。

「力が入る」というのは、具体的には、両わきが締まった状態（＝両ひじがわき腹の腰骨付近）を指しており体幹でボールを押せる状態。インパクトでボールを叩こうという力が入ったときに、グリップをどう握っていれば腕がそのポジションに収まるかが重要なのです。

　グリップを考える際も、なんとなく「握りやすい」などという感覚ではなく、スクエアなインパクトという目的をはっきりさせることが大事なのです。

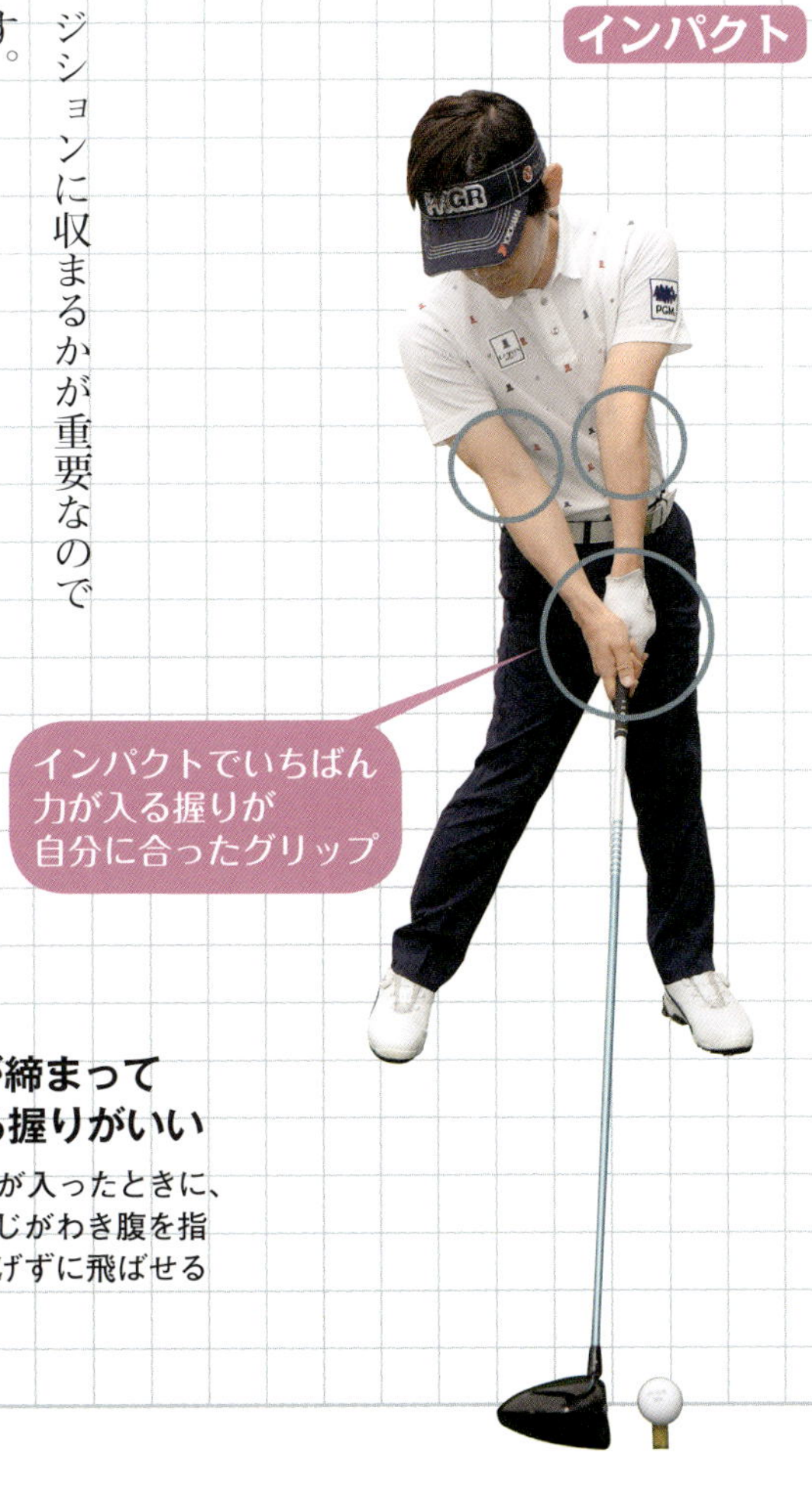
インパクト
インパクトでいちばん
力が入る握りが
自分に合ったグリップ

インパクトでわきが締まって
ボールを押し込める握りがいい

インパクトの形を作って力が入ったときに、自然とわきが締まり、両ひじがわき腹を指すグリップの向きなら、曲げずに飛ばせる

3つのグリップバリエーション

右手の使いやすさや密着感などで判断

インターロッキングが主流

最後に、グリップの握りのバリエーションについて説明します。ウイークやストロングという手の向きによる区分とは別に、右手と左手の絡め方によって、大きく

オーバーラッピンググリップ

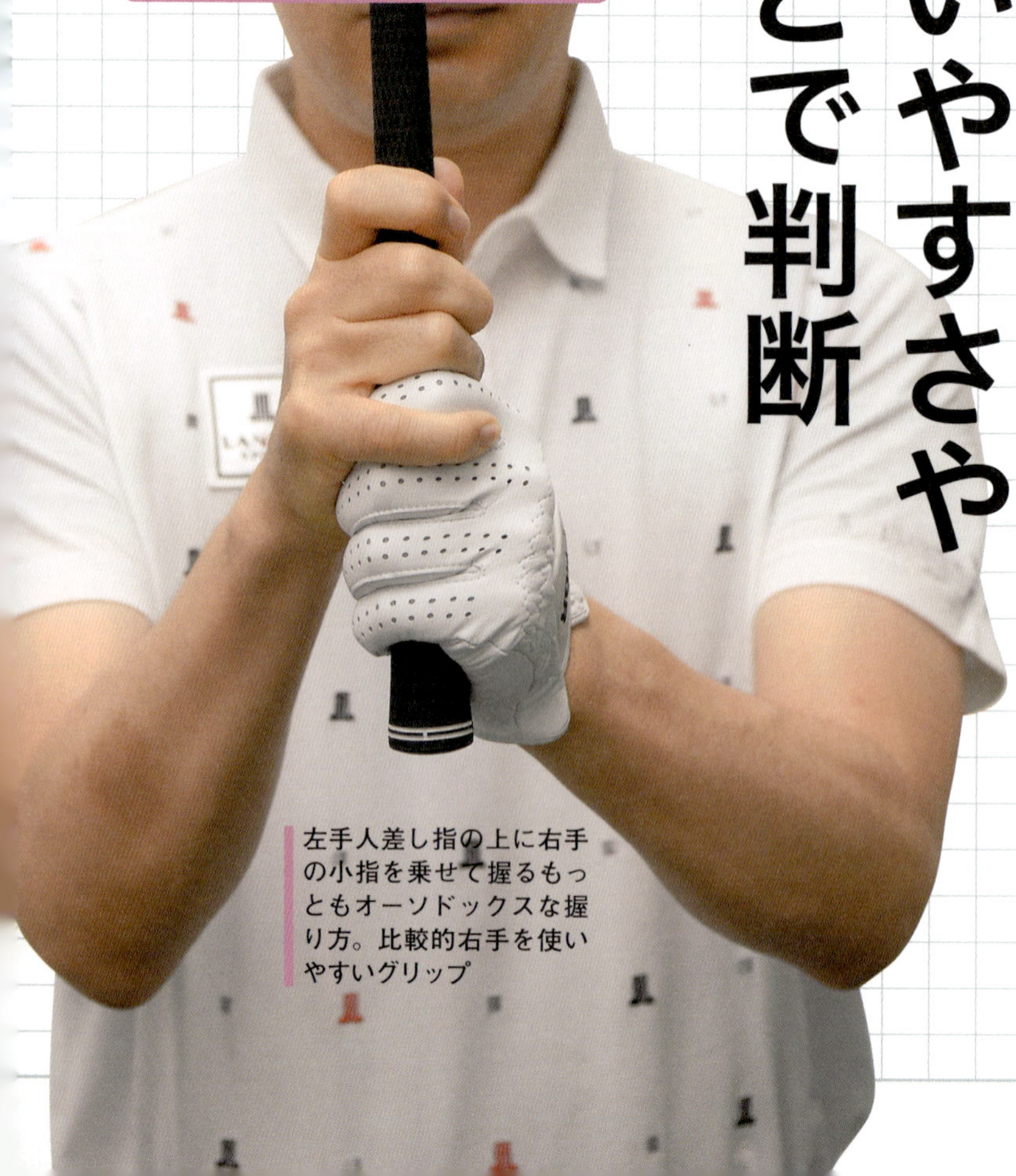

左手人差し指の上に右手の小指を乗せて握るもっともオーソドックスな握り方。比較的右手を使いやすいグリップ

分けると3つのグリップのバリエーションがあります。

いま、いちばん一般的な握りは、左手の人差し指の上に右手の小指をかぶせて握る「オーバーラッピンググリップ」です。3つの握りのなかでは、いちばん右手を使いやすい握り方だと言えます。

ゴルフのグリップは、右手を使いすぎないようにさまざまな工夫がなされていると言いましたが、そのなかでも多くの人の利き手である右手の感性を生かしやすいグリップだと言えるでしょう。

そのため、右手を使って積極的にフェースローテーションをしたりフィーリングを出しやすい半面、右手を使いすぎて悪い動きが生じるリスクもあるというわけです。

その点、右手の小指を左手の人差し指と中指の間に潜り込ませ、右手の小指と左手の人差し指を絡めるようにして握るインターロッキンググリップは、オーバーラッピンググリップよりも右手の小指に力が入りにくく、密着感があって手打ちになりにくい握り方です。

タイガー・ウッズがこの握り方をしているため、タイガーを見て育った世代に非常に多く、現在PGAでもっとも多い握りなのではないかと思います。

インターロッキンググリップは、指の絡みによる両手の一体感や密

インターロッキンググリップ

左手の人差し指と右手の小指を絡めて握る。両手の一体感、密着感が高く、スイング中にズレにくい握り方

着感が高いことに加え、フィニッシュまで手がズレにくく、形の維持力や再現性が高いことが大きなメリットと言えます。

3つめは、右手の小指を左手に絡めずに握るテンフィンガーグリップです。

このグリップは、上記の2つのグリップと比べると指1本ぶん右手が下にくるため、右手と左手の支点の間隔が離れ、スプリットハンド的に腕の入れ替えを意識しやすいグリップですが、一方で、右手がグリップに密着するので右の手首の動きが制限されるという特徴もあり、リストターンを抑えて分厚いインパクトで球をとらえやすい握り方です。


テンフィンガーで握るときに注意してほしいのは、10本指で握っても野球のバットのようには握らず、右手の親指、人差し指のポジションを守ることです。

また、握力が出しやすいぶん、力まないような注意も必要です。


これらの3種類のグリップは、自分の意図とイメージに合うものならどれでも構いませんが、やはり「なんとなく握りやすい」という感覚ではなく、出球や弾道などを見て、客観的に判断することが大事です。

テンフィンガーグリップ

左右の指を絡めず、左手人差し指の隣に右手の小指がくる握り。右手がグリップに密着し、右手首を使いにくい

第2章

アドレス

アドレスはスイングの出発点

いいアドレスが作れればスイングも自然とよくなる

アドレスの質はスイングと比例する

グリップができたらその次に考えなければならないのは、アドレスです。

アドレスは、グリップと同じくらい地味で細かく、動きがないポ

ジションであるため、ゴルフの書籍や雑誌、動画などのレッスンにおいてどうしても軽視されがちな部分です。

しかし、どんなにスイングの「動」の部分を意識してスイングの質を高めようとしても、そのスタート地点であるアドレスが悪ければそういった努力もまったくと言っていいほど意味をなしません。アドレスはそのくらい大事な要因なのです。

極論すれば、ゴルフスイングは「構えたようにしか振れない」と言ってもいいかもしれません。アドレスの段階で関節が正しいポジションに収まっていなければ、そこから先を正しく動かすことはできませんし、体がそっぽを向いていたら、スイングもその方向にしか振れません。

ですがこれを反対に考えれば、正しくアドレスできれば、体も自然と正しく動くということ。完璧なアドレスさえ作ってしまえば、何も考えなくても理想的なスイングができると言っても過言ではないのです。アドレスは正しいスイングのための準備。そう肝に銘じてしっかりと習得してください。

完璧なアドレスが作れれば
自然といいスイングができる

アドレスは狂いやすい

毎ショット極力ていねいにスピーディに構えよう

正しい形を毎回再現する

アドレスは非常に重要なポイントではありますが、ゴルフスイングのなかで、数少ない静止した状態で形をチェックできるポジションでもあります。

スイングというスピーディな動作のなかで、ダウンスイングの形やインパクトの形などを意識して作るのはむずかしいですが、アドレスだけは静止しているので、誰でも正しいポスチャー（姿勢）を作ることができます。その点においては、スイングのなかでいちばん容易に改善できる部分であることも事実です。

しかしアドレスのむずかしさは、正しい形を覚えることだけでなく、ショットの度に正しい構えをきちんと再現しなければならない点にもあります。

ゴルフは、傾斜があったり風が吹いていたり、景色の圧迫感があったりと、外部からさまざまな影響を受けながらプレーします。好不調などによって、ショットの傾向も日によって違います。そのため、いつも同じようにアドレスしているつもりでも、少しずつズレが生じ、気づかないうちに向きが狂ったり構えが歪んだりしてしまうものです。

だからこそ、そういったズレを極力排除すべく、1ショット1ショットていねいに構えることが非常に重要です。

しかし、アマチュアゴルファーのプレーを見ていると、アドレスの作り方があまりにも雑で、無頓着であることに驚かされます。プロゴルファーは、みなさんが想像している以上に、ていねいにアドレスを作っています。それはプロでさえいつも正確にアドレスすることがむずかしいからなのです。

練習の段階から、毎ショットできるだけていねいにセットアップする習慣をつけてください。体の向き、ボールとの距離、前後のバランスなどに細心の注意を払わなければ、アドレスはすぐにズレ、スイングもバラバラになってしまいます。

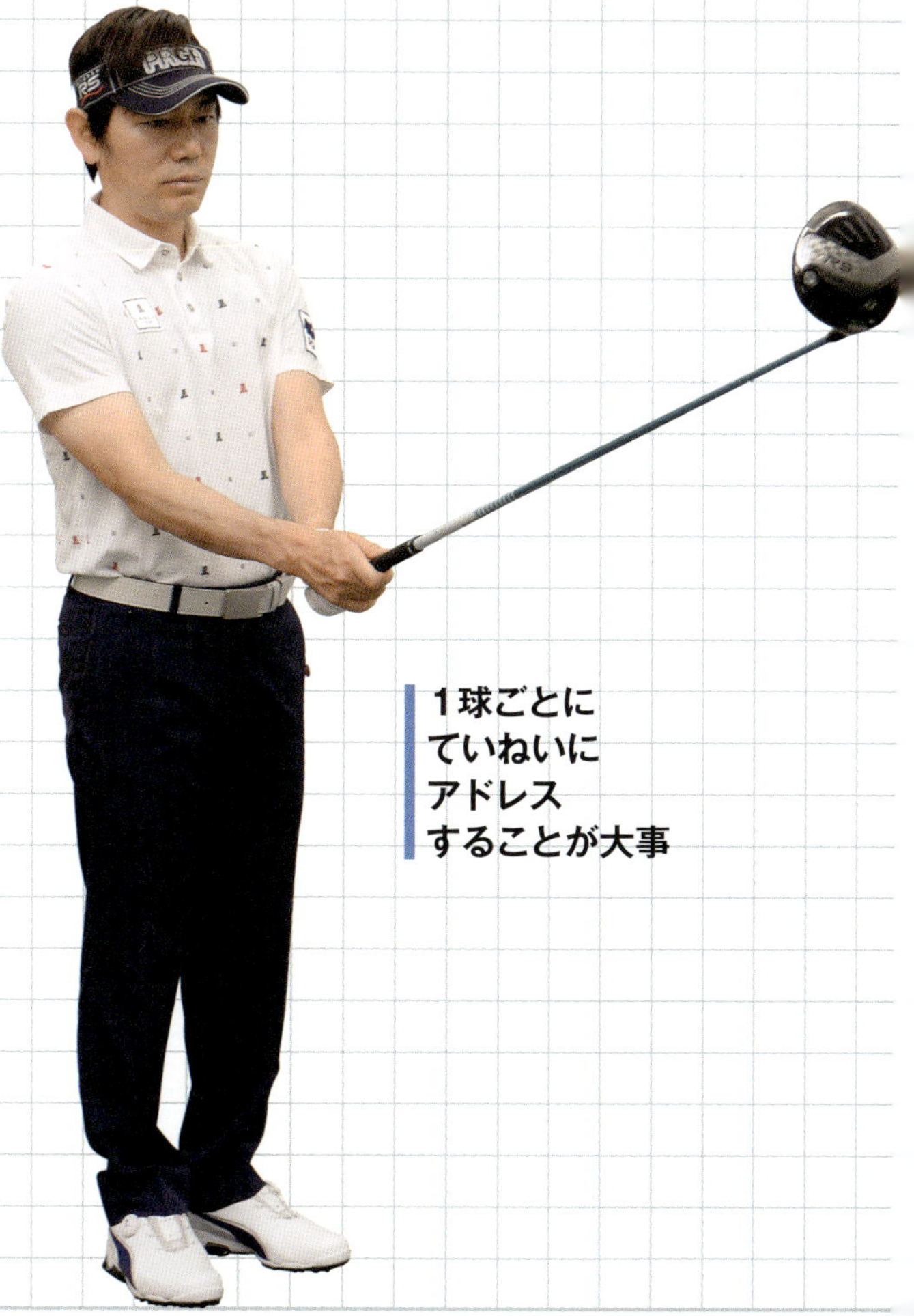

**1球ごとに
ていねいに
アドレス
することが大事**

関節の向きがポイント

わきが自然と締まるポジションで構える

両ひじがわき腹を指す

スイングの準備という意味で、アドレスの形は「関節の向き」が非常に大事です。

なかでも重要なのがひじ関節の向き。両方のひじが下を向いて両

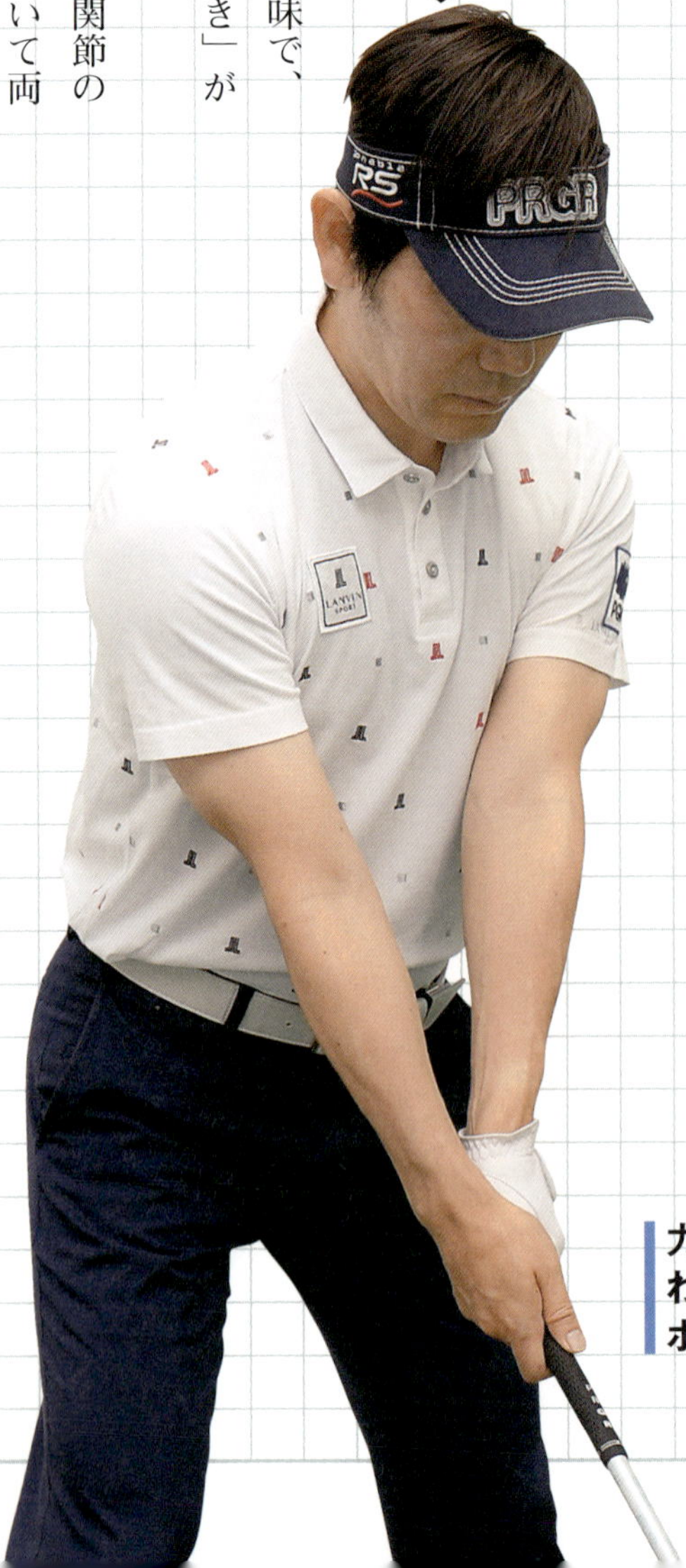

力なくても
わきが締まる
ポジションが大事

腰骨を指すポジションに収まれば、自然とわきが締まります。

ゴルフスイングにおいて、両わきはつねに締まったままで、両上腕が胴体と一体に動きます。アドレスの段階でこのわきの締まりが作れていれば、あとは体をスムーズに回転させるだけで腕とクラブは自然とよい軌道を描いて動きます。

そのため、わきが締まっていることはアドレスの絶対的な必須条件なのですが、関節の向きが悪いとわきは締まらず、クラブを正しい軌道に乗せるためには手先などによる何らかのアジャストが必要になります。そういったアジャスト動作はスイングのシンプルさを損ない再現性を低下させるだけでなく、余計な力みを生むことにもつながります。

大事なのは、力を入れてギュッとわきを締めるのではなく、腕の向きとポジションで自然と両わきにテンションがかかった状態を作ること。悪いポジションから無理にわきを締めようとしても力みを生むだけです。

プロゴルファーなどが、わきにグローブやタオルを挟んで練習している姿を見たことがあるかもしれませんが、あれはわきに力を入れてグローブを挟んでいるのではなく、力を入れなくてもグローブが挟まったままになるポジションを作るための練習なのです。

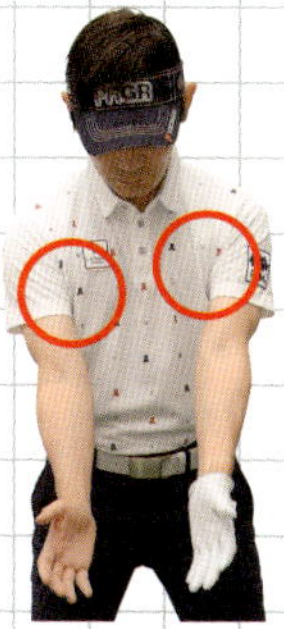

ゴルフスイングは
わきを締めて
体を回すだけ

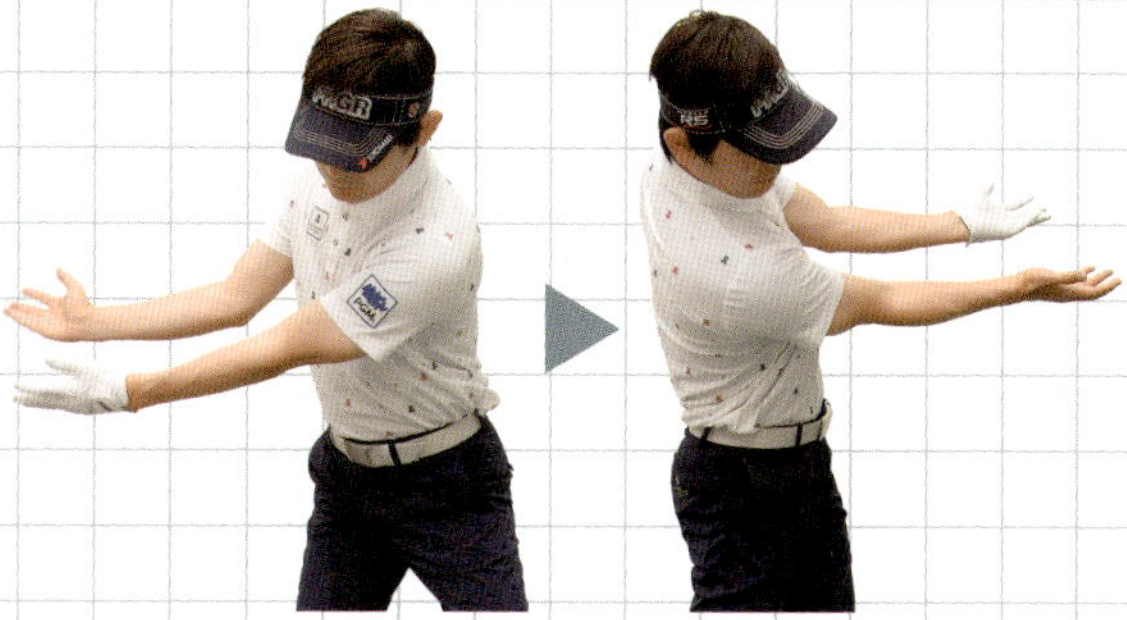

両わきにテンションがかかっていれば、
その状態を維持して体を回転させるだけ
で腕やクラブは自然といい軌道で動く

グリップによって構えも変わる

どんなグリップでも ひじは腰骨を指す

グリップが合わないと アドレスも歪む

実際は、自然とわきが締まるひじの向きはグリップによって左右されます。

なぜなら、グリップをウイークに握るかストロングに握るかによって、アドレス時の腕の向きが変わるからです。グリップの握り方はひじから下の前腕の向きで作るのが基本ですが、実際にはウイークに握れば左腕はやや外旋され、ストロングに握れば内旋されてひじの向きに誤差が出ます。

そのため、グリップが自分の骨格に合った自然なものでなければ、わきが締まりにくいのです。これ

ウイーク

左ひじが下を向きやすい

ストロング

左ひじが外を向きやすい

ウイーク　グリップを左右に横から挟むイメージになる

ストロング　グリップを上下から挟むイメージになる

に逆らって、ひじを下に向けてわきを締めようとしたときに、肩の向きをねじったり腕を突っ張ったりする歪みが生じてしまうのです。

骨盤を前傾させて構える

股関節が使える姿勢で前傾しなければ回転できない

股関節から上体を前傾させる

ゴルフスイングは、前傾した姿勢で回転するのが大きな特徴です。

しかし実は、人間の腰椎はわずか2～5度程度しかねじれないので、胸椎や頸椎の動きでねじれの

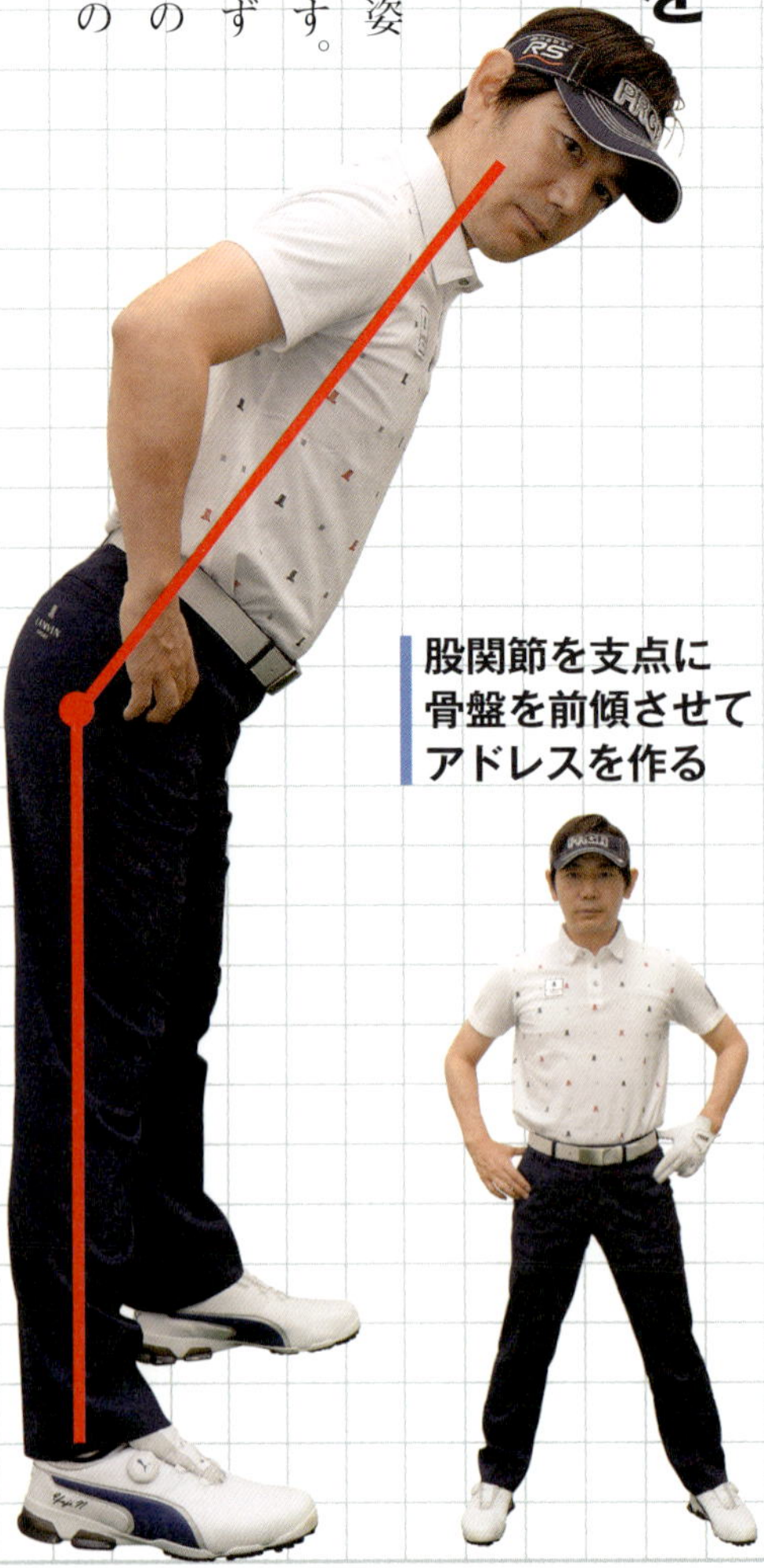

股関節を支点に
骨盤を前傾させて
アドレスを作る

差を作るとともに、左右の股関節を上手に動かして骨盤ごと上体を右、左と入れ替える動作が必要なのです。

したがって、前傾角度を崩さずにこの回転運動を行うためには、背骨の土台となっている骨盤自体を前傾させる必要があります。

スイングが安定しないアマチュアゴルファーのほとんどは、前傾する際にこの骨盤のポジションを作れておらず、お尻を落として背中を丸めるなどしてごまかしています。

前傾を作る際は、まず直立した姿勢を作り、骨盤より上の上半身全体を1枚の板のようにキープしたまま股関節から前傾します。そして最後にひざを軽く曲げる。腰の両サイドの出っ張った骨が骨盤の上端部分です。少しお尻を上に向けるようなイメージで、この骨盤ごと前傾させる感覚を身につけてください。

お尻を落としてごまかすと骨盤を前傾させられない

骨盤を前傾させられず、お尻を落とすようにして猫背になってしまうとうまく回転できない

前傾の手順

直立した姿勢から、骨盤を意識しながら上体を1枚の板のように前傾させ、最後に軽くひざを曲げる

首と足首もチェック

背中から後頭部までをフラットな状態に保つ

反り腰や猫背はNG

前傾する際には、ほかにもいくつかポイントがあります。

1つは足首です。前傾してひざを曲げる際に、足首が柔軟に使えておらずこわばっていると、足の裏のどこかが地面から浮いてしまったり、体重がかかる部分が偏ってアドレスのバランスが崩れやすくなります。

また、足首が固まっていたり力んでいると、ひざや股関節など下肢のほかの関節もスムーズに動きません。アドレス時の足首の曲がりは小さくわかりにくい部分ではありますが、スイング中も足首を

**足首を突っ張らず
やわらかくしておく**

足首が硬いと足の裏もこわばり、足の裏全体で地面に立てずバランスが悪くなる

やわらかく使う必要があるので、固めずやわらかく保ち、足の裏全体で地面を踏めるように注意してください。

もう1つは背中と首のカーブです。

先ほど、「骨盤から上の上体を1枚の板のように前傾させる」と言いましたが、必要以上に猫背になったり腰を反らせたりせず、背中のラインを真っすぐにし、首もその角度を崩さないように真っすぐセットします。

人間の背骨はゆるやかなS字を描いていますし、背中の筋肉も盛り上がっているため厳密にはフラットにはならないのですが、仙骨と首の付け根の骨を結んだ線の延長線上に後頭部がピッタリくっついている状態が1つの基準になります。ボールをよく見ようとするあまり、首が前に出ると、バランスも悪いうえ、体がスムーズに動きません。

背中の延長線上
後頭部がフィット

仙骨と首の出っ張った骨を結んだ線上に後頭部がピッタリとくっつくのが、首が「真っすぐ」な状態

首が前に出たり腰が反ると
上体はスムーズに動かない

重心位置は「かなり前」

拇指丘と肩が一直線上に重なる

拇指丘のライン上に重心がある感じ

アドレスにおいて非常に狂いやすく、かつスイングに大きな影響をおよぼすのが前後のバランスです。

アドレスを後方から見たときに、重心位置は拇指丘（ぼしきゅう）のライン上。これは、拇指丘に体重をかけて立つというわけではなく、足の裏全体でバランスよく立っていいアドレスを作ると、重心が拇指丘くらいの位置にあるという意味です。

後方から写真を撮って見てみると、拇指丘と肩の付け根が一直線上に並ぶ状態。アマチュアゴルファーの多くは重心がかかと寄りの人が多いので、そういう人にとっては「かなり前」だと感じるポジションだと思います。これは、ふくらはぎやハムストリング（太ももの裏側の筋肉）にテンションがかかり、体の後ろ側で腕やクラブを吊り下げているような状態。太ももの前側にテンションがかかるのは後ろ重心の証拠です。

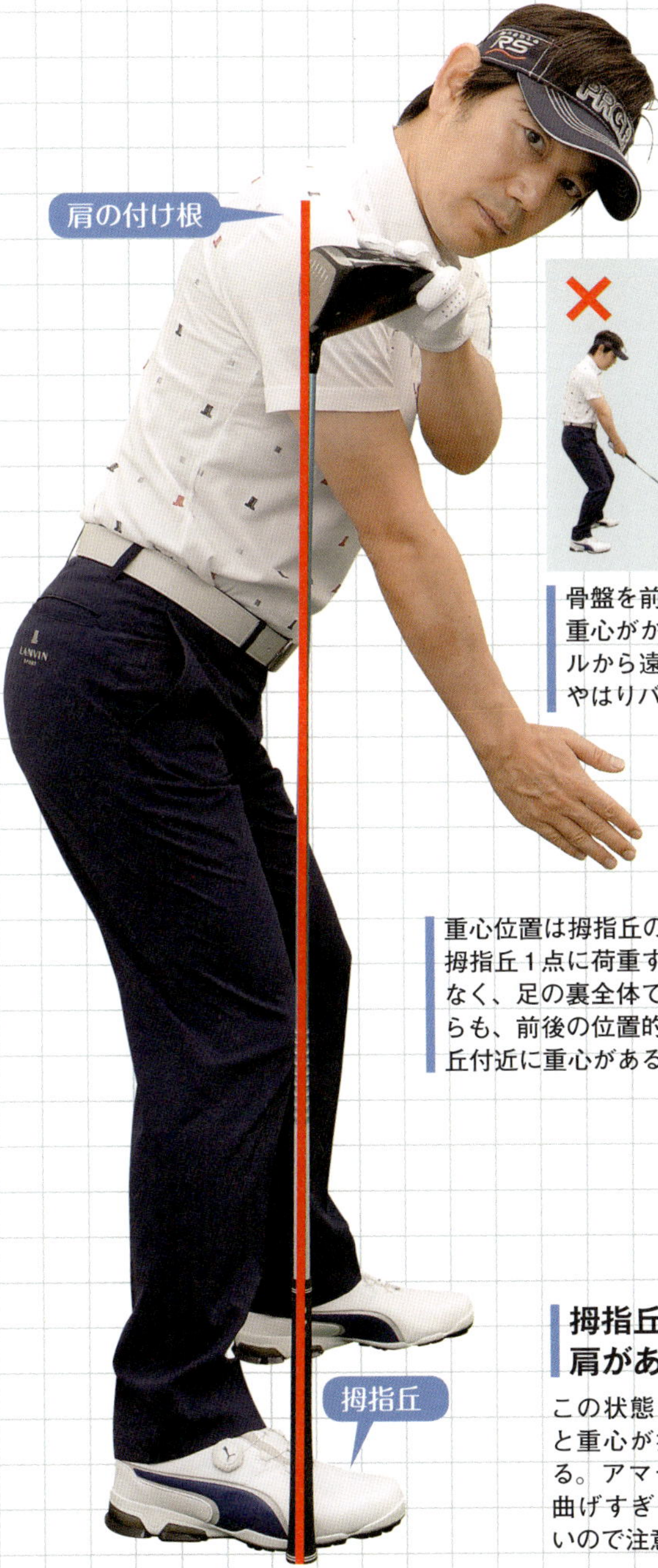

骨盤を前傾できずにお尻が下がると重心がかかと寄りになり（左）、ボールから遠すぎるのも重心が前すぎてやはりバランスが悪い（右）

重心位置は拇指丘のライン上。拇指丘１点に荷重するのではなく、足の裏全体で立ちながらも、前後の位置的には拇指丘付近に重心がある

拇指丘の真上に肩がある状態

この状態が作れれば、自然と重心が拇指丘の真上にくる。アマチュアにはひざを曲げすぎているケースが多いので注意

腕は肩から真下に垂らし背中でテンションをキープ

右肩、右ひじ、グリップエンドが一直線

右手のぶんだけ右が下がる

アドレスの際にはわきが適度に締まっていることが大事ですが、上腕全体が胴体に密着しているわけではありません。

実際は、腕は肩からほぼ真下に

垂れ下がるようなポジションに置かれます。胸や上腕の筋肉が発達している人などは少し前に出る場合もありますが、通常のショットでは腕が垂直よりも体寄りに入ることはないと考えていいでしょう。

基本的には左腕は伸ばし、右ひじは曲げて構えますが、左ひじをピンと突っ張るように伸ばそうとすると力みやすいので、腕とクラブの自重で自然と伸びているくらいのテンションがよいでしょう。後方から見たときに、肩、右ひじ、グリップエンドが垂直に並んでいる状態が理想です。

このとき、肩甲骨に余計な力が入らないように注意してください。左右の肩甲骨の間を広げるように肩を前に出したり、反対に肩甲骨が寄るように肩を引いたりせず、腕の位置を保持するだけのテンションを背中に感じながらもリラックスしていることが大事です。

本来は肩の高さも左右揃えたいですが、ゴルフのグリップは、右利きなら右手が左手よりも下にくるため、ほんの少し右肩が下がるぶんにはOKです。上体の前傾とも深く関連しますが、ボールと体の距離も、プレー中に気づかないうちにズレやすい要因のひとつです。

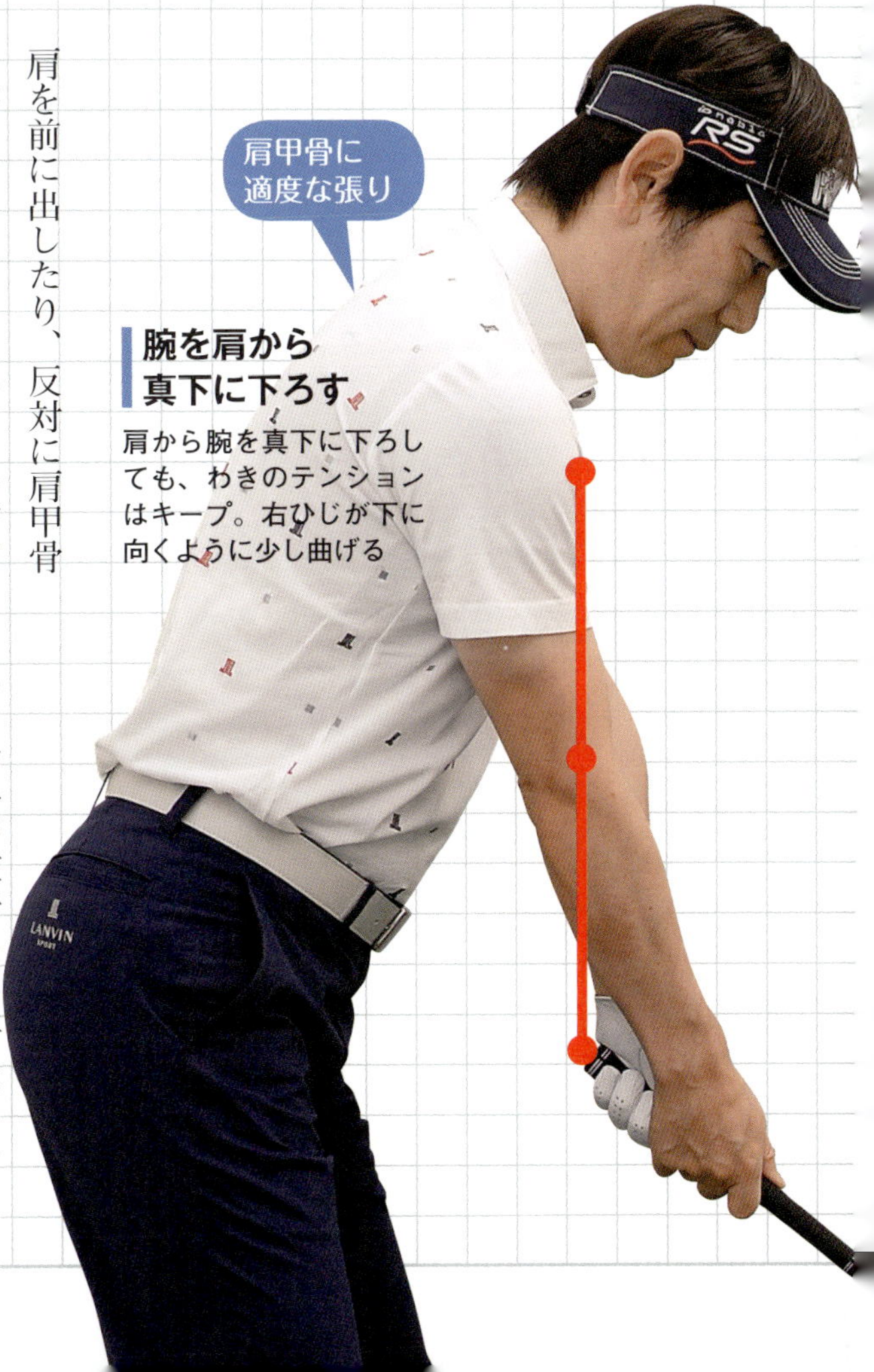

腕を肩から真下に下ろす

肩から腕を真下に下ろしても、わきのテンションはキープ。右ひじが下に向くように少し曲げる

細心の注意を払って構えよう

ボールと体の距離はライ角と長さで決まる

自分の感覚で勝手に決めない

ボールと体の距離は、基本的にはクラブの長さとライ角によって決まります。クラブがフラットで長くなるほどボールと体の距離は離れ、クラブがアップライトで短

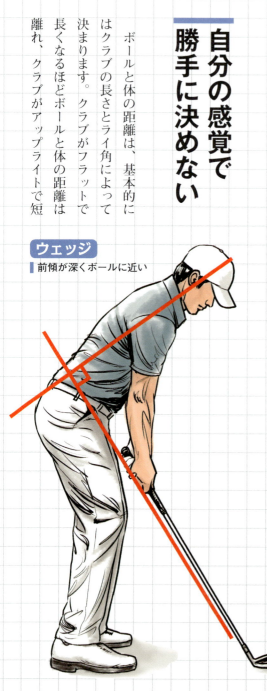

ウェッジ

前傾が深くボールに近い

くなるほど近づきます。

正しくフィッティングされているクラブを使っていることを前提とすれば、ボールとの距離も前傾角も、「クラブなり」に構えるのが理想です。クラブのライ角、つまり後方から見たシャフトの角度に対して上体がほぼ直角です。

ボールと体の距離は、非常にデリケートでズレやすく、スイングへの影響も大きいので、アドレスの際はとくに注意が必要です。「クラブなり」と考えるのであれば、クラブを地面に対してライ角なりにセットし、それに対して正しい位置を決めてからスタンスを作ることが大事。セットアップには細心の注意を払ってください。

クラブの長さとライ角でボールとの距離は決まり体格との関係で前傾角が決まる

ボールと体との距離は、自分の感覚で決めるのではなく、クラブによって自動的に決まるが、そこに身長や腕の長さなどの要因が加わって前傾角が決まる

フェーススクエアが基本

肩や腰がスクエアになるように構えよう

つま先ばかり見ても意味はない

アドレスにおいて非常に悩ましく重要な問題が、方向です。

よく「目標にスクエアに立て」と言われますが、プロゴルファーにも、クローズスタンスで構える選手やオープンに立つ人もいます。しかし、そういったズレや個性はあくまで応用。基本的には肩、腰、ひざ、目線などの各ポジションをすべて目標に対して平行にセットする意識を持ってください。

全部がむずかしければ、まず最初は、自分の体のどこか1カ所、肩や腰など軌道を左右する体幹に近い部位に集中してスクエアを保つようにしてもいいかもしれません。そしてそこを基準にスクエアな部分を増やしていきましょう。

また、絶対的にスクエアであるべきなのはフェース面です。これも、打ちたい球筋などに合わせてアレンジするために、開いたりかぶせたりすることもありますが、基本はあくまでスクエアであることが大事です。

目線、肩、腰、ひざ、フェースをスクエアにする

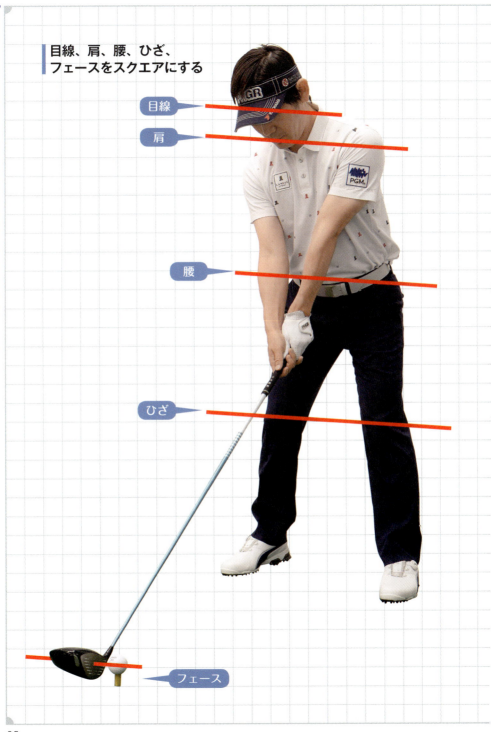

第3章

バックスイング

正しいダウンスイングのための準備

右ひじをたたみながら上体を右に回していく

バックスイングは手を持ち上げない

アドレスの状態から体とクラブを右方向に回転させ、トップまで至る過程がバックスイングです。

バックスイングの始動は、体とクラブが静止した状態から、自分の力で能動的に動かなければならないという点で、大きなむずかしさを秘めています。

バックスイングは、基本的には上体を右方向に回していく動作ですが、それに伴って前腕をローテーションしつつ右ひじをたたみ、手首のコックを入れて、腕とクラブに角度を作っていきます。

ゴルフでは慣用句的にバックスイングを「上げる」という表現を使うことに加え、アドレスの位置よりもクラブが高いところに上がっていくことから、バックスイングではクラブを「持ち上げる」ものだと勘違いしているアマチュアゴルファーが多いですが、これは間違いです。

バックスイングでは、前傾角度に沿う形で回転するため、手元やクラブの絶対的な位置は高くなりますが、前傾なりの軌道面よりも手元を高く上げるわけではありません。

バックスイングは、正しいダウンスイング、インパクトのための準備動作でしかありませんが、ダウンスイング等のスピードと慣性の乗った動作よりも意識してコントロールしやすい部分です。

同時に、バックスイングで悪い動きが入ってしまうと、ダウンスイング以降でその問題点を修正するのは非常にむずかしく、ロスもリスクも大きくなります。それを避けるためにも、正しいバックスイングを身につけることはとても大事なのです。

静止した状態から能動的に始動するからむずかしい

動き出しをていねいに

右足を踏んだ状態で胸が右に回り出す

太ももの向きを変えずに始動

バックスイングにおいては、始動の最初の30センチほどの動きがとても重要です。ここで最初に手を使ってクラブを動かしてしまうとスイング全体が手打ちになって

しまいます。

感覚的な個人差はありますが、バックスイングの始動は、腕や上体全体を少しだけ右に向けるところから始まります。この最初の30センチほどは、手元もヘッドもほぼ真後ろに引き、インサイドに上げないようにします。手が動くのは、上体が右を向いたぶんだけ。両腕と胸の関係が崩れないように、静かに始動してください。

このとき、ひざが真正面を向いたまま動かないようにバックスイングを上げていきますが、人間のひざには筋肉はありません。ですので太ももの内側、バックスイングではとくに右内ももの筋肉で右方向への力を受け止め、下半身が右に流れるのを防ぎます。

バックスイングの始動時に、意識的な体重移動は必要ありません。腕やクラブといった重量物が右に移動したぶん、体の右側が重くなり、右足に多めに圧がかかるというだけ。大事なのは、むしろそれを受け止めてスウェイを防ぐことです。

上下の捻転差を大きくする

右太ももを正面に向けたまま上体を右に回していく

下半身の筋力が大きな捻転差を作る

バックスイングが進んで手元とクラブが高い位置に上がり、上体の捻転が深くなっても、右太ももと右ひざは正面を向いたままの状態をキープしてください。

腰も、実際は上体につられて少しずつ右に回転し、右の股関節が折り込まれていきますが、自分から右に回していく必要はありません。

バックスイングでは、上体が右に回転していきますが、下半身までこれに引っ張られて右を向いてしまっては、上半身と下半身の捻転差が生まれません。この上下の

上体の捻転よりも腰の回転が小さいから上下の捻転差が生じる

捻転差がねじり戻る力こそがスイングのもっとも大きなエネルギー源の１つですので、バックスイングで下半身をどれだけ我慢できるかは、飛距離を左右する重大なファクターと言えます。

バックスイングで下半身を固定するには、内ももやお尻の筋力が必要です。下半身のトレーニングは、強い捻転に耐え得る土台を作るために有効なのです。

右足が粘れず流れてスウェイしてしまうとパワーは貯まらない

下の土台を固めて
上体をねじり上げる

右足の太ももの力で、下半身を正面に向けたままキープすることで、上下の大きな捻転差を生む

前傾角度を保ってバックスイング

背骨と肩を直角に保ったまま回転する

上体の前傾なりに回転することが大事

アドレス時の背骨もしくは胸の前の軸の傾きを崩さずにバックスイングするには、その軸に対して肩が直角に動くことが大切

肩と首の関係を崩さない

バックスイングでは、アドレス時の上体の前傾角度をキープしたまま体を回すことが重要です。前傾姿勢を保てないと、クラブは理想の軌道から外れ、そのまま振ってもボールに当たりませんし、アジャストして当てようとする動作は、再現性を損ないます。

前傾なりに上体を回すということは、背骨もしくは胸の前に意識した軸に対して、両肩のラインを直角に動かすということ。バックスイングでどちらかの肩が上がったり下がったりしないように注意してください。

ポイントは肩と首の距離を変えないようにすることです。

前傾した状態で胴体を軸に肩が回転する以上、アドレス時よりも左肩が下がるのは当然です。あまり左肩を押し込むことばかり意識せず、ある程度肩と首との距離を保つことが重要です。

左肩をあごの下に入れようとしすぎると、右肩が上がりやすい

バックスイング時にどちらかの肩が上がったり下がったりしてはいけない

骨盤の前傾を保つことが重要

バックスイングでは右股関節に真上から乗る

右股関節に斜めにしわが寄る

前傾を保つうえでも、左右へのスウェイを防ぐためにも重要なのが、バックスイングで右股関節に乗る動作です。

これは、ここまで説明してきた

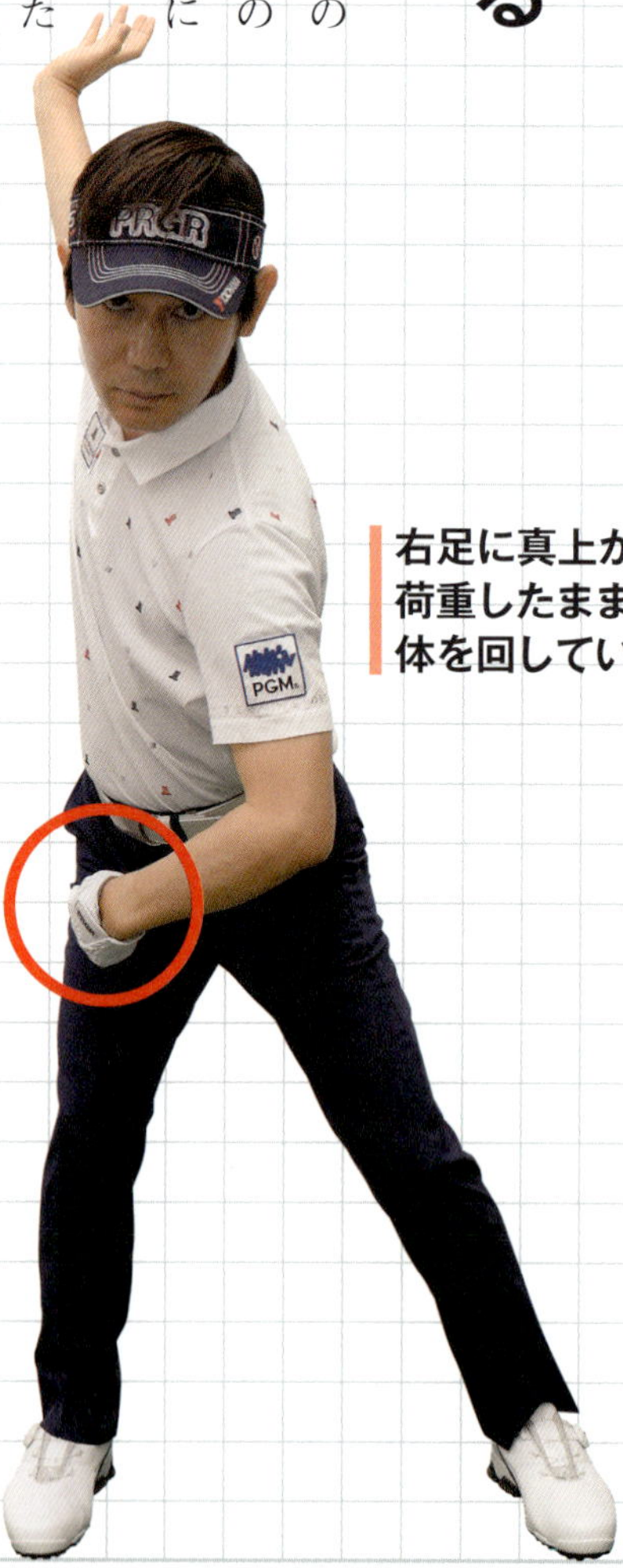

右足に真上から荷重したまま体を回していく

バックスイングの動作とすべて連動しており、この動作ができなければ前傾が崩れ、下半身もスウェイしてしまうとも言えますし、反対に下半身をスウェイせずに我慢し、前傾を維持できなければ右の股関節に乗ることはできないとも言えます。

　上体を前傾させ、右足に真上から体重をかけた状態で腰を右に回していくと、右股関節が折り込まれ、右の鼠蹊部（脚の付け根）の部分に斜めにしわが寄るのがわかると思います。これが股関節に乗っている状態です。ポイントは、骨盤を前傾させていることと、右足に真上から乗ること。

　いずれにせよ、バックスイングでも、骨盤を前傾させたまま、右足に真上から乗ることが重要です。骨盤の前傾が保てないと、上体の前傾も崩れてしまいますし、右足に真上から乗れていないと、腰が流れたりひけたりして、いいトップを作ることができません。

骨盤の前傾をキープしたまま バックスイング

股関節上に乗れないと、上体の前傾が崩れたりスウェイするなど、スイングの軸を保てない

アドレスのポジションが大事

右ひじを下に向けたまま たたんでいく

右サイドが締まりながら上がる

バックスイングでは、体の回転に伴って右ひじがたたまれることによって、クラブが体の右側に回り込んでいきます。

このときにとても重要なのが、

右の肩甲骨が下がらずに内側に寄る

右ひじの向きです。バックスイング中、右ひじが外を向かないよう、内側に絞り込むようにしながら右ひじをたたんでください。手元が右肩くらいの高さまで上がったときに、右ひじが真下を向いているのが目安です。

このポジションは意外に窮屈なので、右の肩甲骨周りの可動域が狭い人などは油断すると右ひじが外を向きがちですが、バックスイングが上がるに従って体の右サイドのテンションは増し、どんどん締まっていくのだという認識を持ってください。

左腕とクラブが
ほぼ一直線になる

体が硬い人やシニア世代の方などが、自分の柔軟性の許容範囲以上に無理にバックスイングを大きく取ろうとすると、逆体重になったり、右ひじが浮くいわゆる「フライングエルボー」になるなどトップの形が崩れてしまうリスクが大きいので、注意が必要です。

右ひじを正しい位置に収めつつ屈曲していくには、アドレスで右ひじや右肩が正しいポジションにあることが前提条件です。アドレスの形が悪く、ひじを下に向けて体の近くにセットできていなければ、バックスイングで右腕を正しく使うのは困難です。バックスイングの問題がなかなか解決できない人は、一度アドレスに戻って関

節のポジションをチェックすることも必要なのです。

なお左腕は、基本的にはひじを伸ばしたまま、右ひじの屈曲につられる形で内旋しながら上がっていきます。手元が右肩くらいまで上がった段階で、後方から見たときに、左腕とクラブが一直線になる状態を目安にしてください。

また手首のコッキングは、こういったひじの屈曲や前腕の回旋などによって自然に起こる動作です。とくに手首をどう動かそうと考えなくとも、腕がスムーズに動いていればコッキングもスムーズに行われるのだということを理解してください。

アドレスで右ひじが下を向いていれば、右ひじをたたむだけで自然といいポジションに収まる

胸の前の空間を潰さない

手元を胸の正面に置いたまま体を回す

肩と左腕の関係を崩さない

ゴルフスイングの解説などでは、よく「手元が体の正面にキープされている」という表現がされますが、これはなかなかわかりにくい部分だと思います。

アドレス時の
手元と胸の関係を
崩さずに回転する

というのも、バックスイングの前半段階で、手首のコックや右ひじの屈曲が始まる前までは、手元は一切動かず、胴体に対してアドレスの状態がキープされるのですが、実際はひじがたたまれることによって若干手元は右に動きますし、クラブの重さに引っ張られて動く部分もあります。しかし、多くのプロゴルファーは、意識的に手元を右や上に動かす感覚はなく、むしろアドレス時の肩と左腕の関係を崩さずに上体を回そうとしているのです。

　手元の位置をキープするために重要なのは、左腕で胸の前のスペースを潰さないことです。前述のように、実際はバックスイングの終盤からトップにかけては、腕が惰性で右に引っ張られることによって左肩が深い位置に入るのですが、それは結果論であり、プレーヤーが意識して行う動作ではありません。ポイントは、左手を体から遠ざけるようにしながらバックスイングすることです。

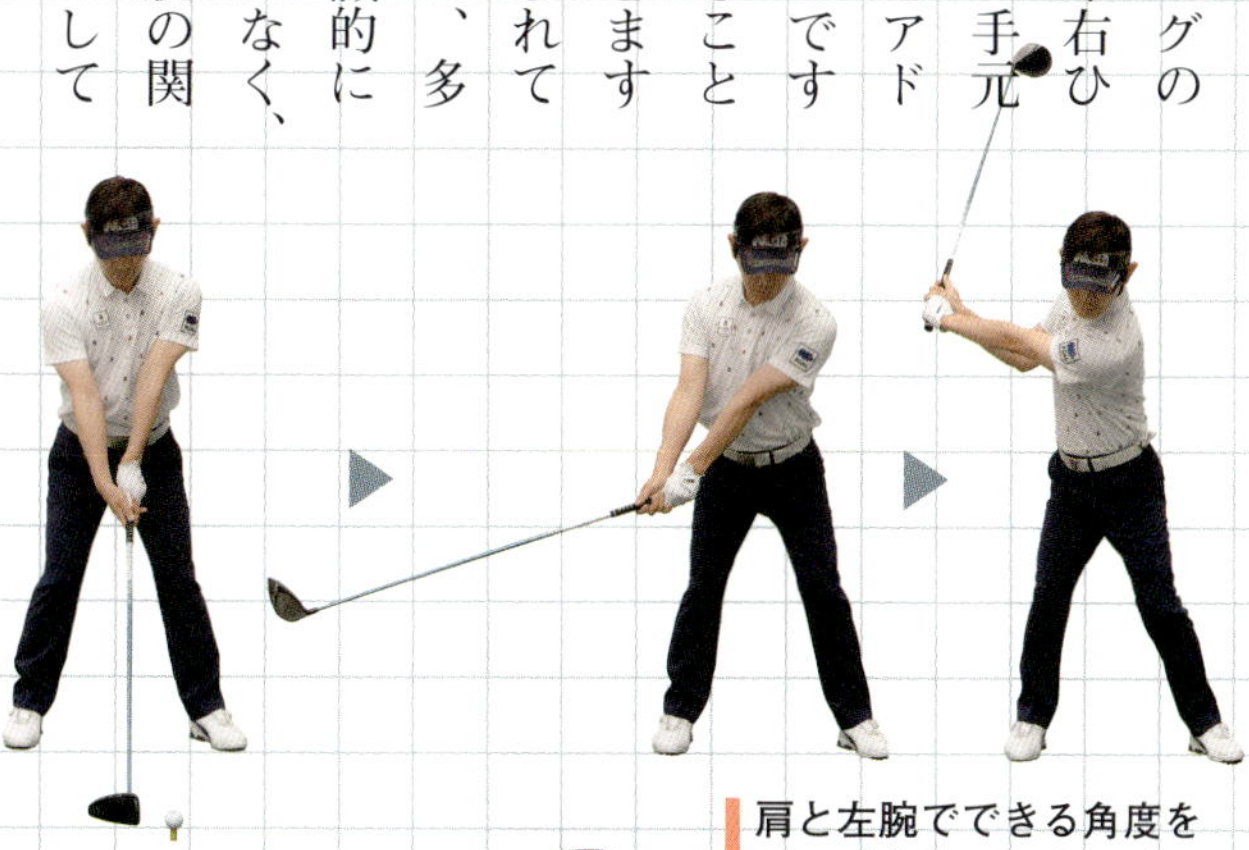

肩と左腕でできる角度をトップ直前まで崩さずに体を回転していく

胸の中心と手元の距離をキープする。手元を体から遠ざけるくらいの感覚が必要だ

胸の前の空間を潰してはいけない

グリップによって手首の動きは違う

手首の動きはひじの動きにつられて自然と起こる

腕が正しく動けば手首も正しく動く

ゴルフのレッスンでは、バックスイングでの手首の動きついて細かく説明されることが多いですが、実際のところは、ここまで説明した動きが正しくできていれば手首は自然と正しく動くので、バックスイングで手首を意識して動かす必要はほとんどありません。

というのも、手首というのは基本的にはひじの屈曲・伸展に追従して自然と動くものです。

金づちで釘を打ち込む動作を想像してほしいのですが、金づちを上下させる際に自分で動かそうとするのはひじだけです。手首はやわらかくしておき、ひじの動きと金づちの重さにつられて自然と動くのであって、手首を主体的に曲げ伸ばしして金づちを振るわけではないのです。ゴルフスイングも、基本的にはこれと同じです。

手首が動く方向は、グリップの握りによって変わります。

一般的に「手首のコック」と総称される動きは、親指・小指方向

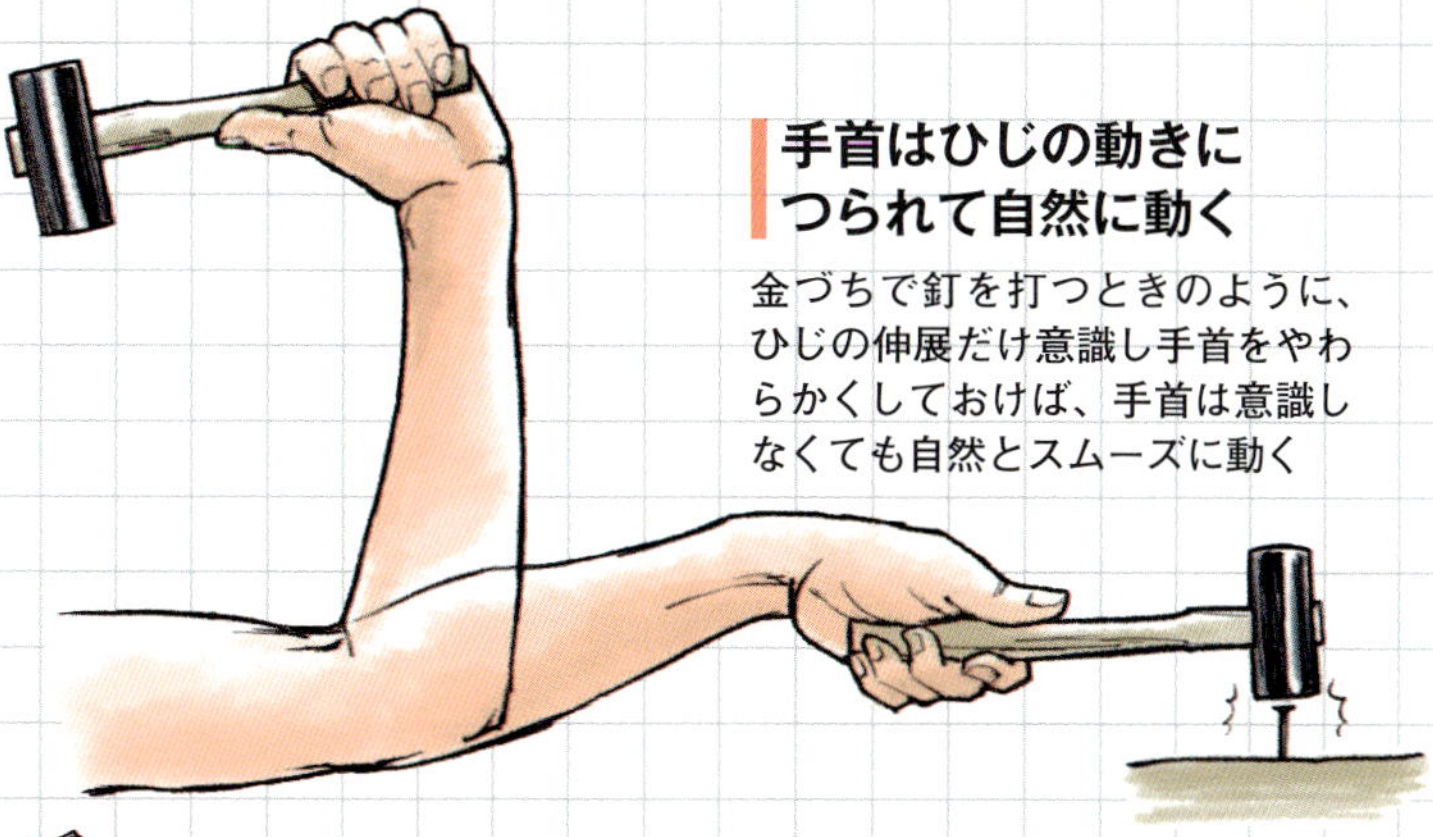

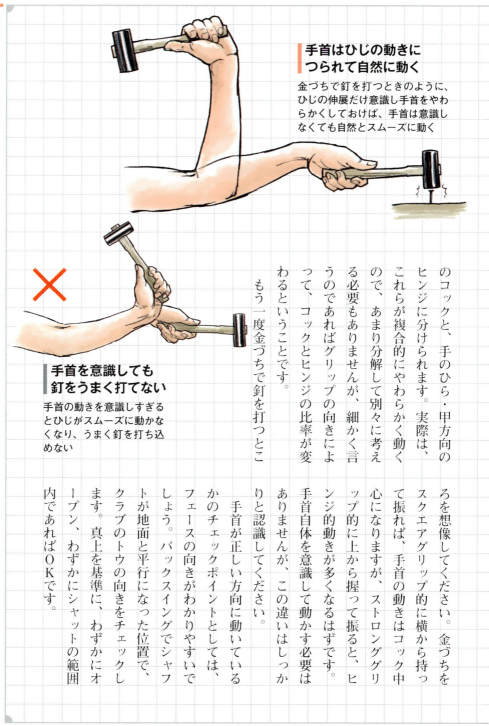

手首はひじの動きにつられて自然に動く

金づちで釘を打つときのように、ひじの伸展だけ意識し手首をやわらかくしておけば、手首は意識しなくても自然とスムーズに動く

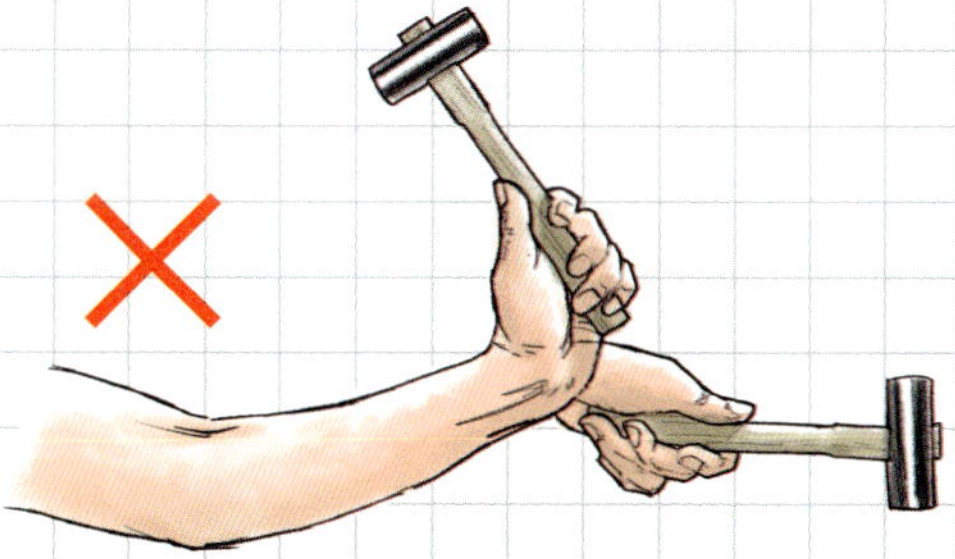

手首を意識しても釘をうまく打てない

手首の動きを意識しすぎるとひじがスムーズに動かなくなり、うまく釘を打ち込めない

のコックと、手のひら・甲方向のヒンジに分けられます。実際は、これらが複合的にやわらかく動くので、あまり分解して別々に考える必要もありませんが、細かく言うのであればグリップの向きによって、コックとヒンジの比率が変わるということです。

もう一度金づちで釘を打つところを想像してください。金づちをスクエアグリップ的に横から持って振れば、手首の動きはコック中心になりますが、ストロンググリップ的に上から握って振ると、ヒンジ的動きが多くなるはずです。手首自体を意識して動かす必要はありませんが、この違いはしっかりと認識してください。

手首が正しい方向に動いているかのチェックポイントとしては、フェースの向きがわかりやすいでしょう。バックスイングでシャフトが地面と平行になった位置で、クラブのトウの向きをチェックします。真上を基準に、わずかにオープン、わずかにシャットの範囲内であればＯＫです。

第4章

トップ・オブ・スイング

さらなる「貯蓄」のための準備段階

折り返し地点にして最終チェックポイント

スイングの
いちばん高い地点が
トップ・オブ・スイング

エネルギーを貯めるポジション

「トップ・オブ・スイング」は、その名のとおりスイングのいちばん高い地点。クラブを高い位置に収めて位置エネルギーを確保し、体は深く捻転することでねじり戻りのためのパワーを貯める「貯蓄」のポジションです。しかし実際には、切り返し、ダウンスイングへとさらにエネルギーを蓄積するための準備段階という意味合いが大きいパートでもあります。

　また、バックスイングで右方向に回転した体とクラブが逆回転へと方向転換する瞬間であり、右方向への動きの限界点でもあるため、一瞬動きが止まったように見えます。そのため体のポジションをチェックしやすく、昔から「トップの形」は非常に重要視されてきました。とくに、ダウンスイング以降は非常にスピーディな一瞬の動きであるため、始まってしまっては修正不可能です。その意味でも、スイングの折り返し地点として、トップをいい形で通過することはとても重要です。

　一方で、トップの形だけにとらわれすぎることにも意味はありません。実際、トッププロにも個性的なトップを持つ選手は数多くいますし、そういった選手は、ダウンスイングからインパクトで自分の求める動きをするための準備段階として、理に適ったトップの形になっています。

　そして、いいトップを作るためには、その前段階であるバックスイングの動きやアドレスの形も重要。そこも含めて、「いいトップ」を作ることは、スイングのレベルアップにおいて大きな意味を持つと言えるでしょう。

個性的でも目的に適っていればOK

右わきのテンションをキープする

右ひじが下を向いて直角に曲がった形

前傾を保って上体を回転

トップの形としてまずチェックしたいのは、右ひじの角度とポジションです。

基本的には右ひじが直角に曲がり、下を向いたポジションが基準

右ひじが下を向けば
右上腕のテンションは
保たれる

です。右前腕は地面とほぼ垂直な状態で、右手首は甲側に折れます。肩甲骨周りの柔軟性やトップの大きさにもよりますが、ここから大きく逸脱していると、クラブは効率のいい軌道から外れやすくなります。

　ゴルフスイングはわきが締まったままの回転運動だということはこれまでにも説明してきましたが、実際はトップで右わきは体から少し離れます。しかし、本来の意味での「わきが締まっている」というのは、必ずしも上腕と体が圧着していることを指すわけではありません。大事なのは、上腕がグラつかず、胴体と連動して動くことです。その意味では、トップで右ひじが下を向いて正しくたたまれていれば、右上腕のテンションは保たれ、腕もクラブも軌道から外れません。

　スイングプレーンの概念は別途説明しますが、とりあえずの基準として、トップの位置を後方から見たときに、アドレス時のシャフトの延長線と、ボール位置と肩とを結んだ線の延長線が作る扇形の範囲内に手元とクラブが収まっていればOKと考えてください。

　トップがここに収まらない人は、アドレスやバックスイングの過程に問題があります。トップの形だけを直そうとせず、一度立ち返って、しっかりと確認・修正することが大事です。

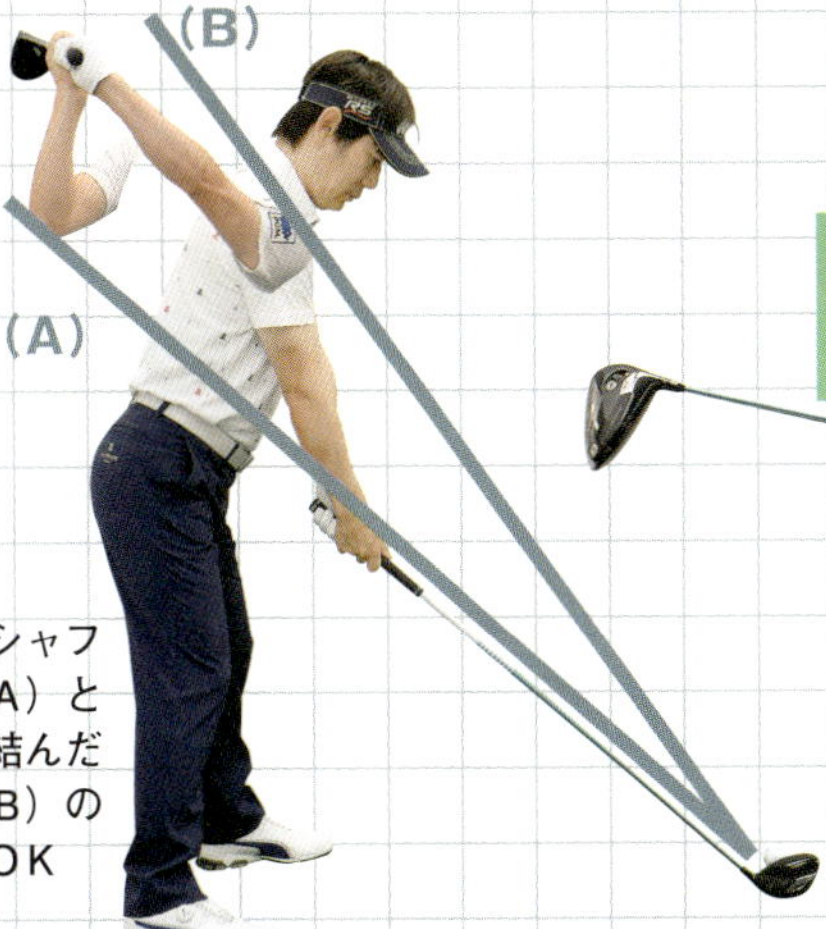

アドレス時のシャフトの延長線（A）とボールと肩を結んだ線の延長線（B）の間に収まればOK

右ひじが直角くらいがトップの基準

大事なのは手の位置ではなく体の回転量

胸が目標の反対を向くまで上体を捻転

肩が90度回ったトップが基準

トップでは左腕が真っすぐに伸びているのが理想ですが、これは絶対的な条件ではなく、トップで左ひじが曲がっているプロゴルファーもめずらしくありません。

頭を残したまま肩を90度回すということは、首は肩に対して逆方向に回す必要がある

首は肩に対して90度左に回す

　左ひじが曲がることを嫌がるのは、ひじの屈曲でクラブの運動量を増やし、上体の捻転を代替した結果、捻転量が不足しやすいため。つまり、深いトップを作った「つもり」になり、手打ちをごまかすことにつながるからです。

　大事なのは、上体の捻転量。柔軟性などによって個人差はありますが、アドレスから肩が90度回って胸が目標の反対方向を向いている状態を1つの基準としてください。

　正しいトップを作るためには、やはり手先で主導してクラブを「上げる」バックスイングではなく、しっかりと上体を捻転させていくことが重要です。

左ひじを曲げてクラブを「上げる」ことで捻転不足をごまかすと手打ちになる。肩をしっかり回すことが重要

下半身を回す感覚は不要

下半身の粘りが大きな捻転差を生む

右太ももは正面に向けておく

上体の捻転と深くかかわってくるのが、下半身の粘りです。

下半身が上半身と一緒に右に回転してしまったのでは、上半身と下半身に捻転差が生まれないため、パワーは貯まりません。腰の回転量を肩の回転量よりも小さく抑えることで、上半身と下半身に捻転量の差が生じ、ダウンスイングでそれがねじり戻る力を使えるのです。

トップで肩が90度回っているのであれば、腰は45度くらいが1つの基準になりますが、この捻転差が大きければ大きいほど、大きなパワーが貯まるということになります。

この捻転差を生むためには、実際には、バックスイングからトップにかけて下半身は一切右に回さず、アドレスの状態のまま我慢するくらいの感覚が必要です。

バックスイングの項でも説明しましたが、右ひざと右太ももの向きがアドレス時と変わらないよう

にしっかりと受け止め、右股関節上に乗って上体を捻転していく。その結果、トップでは腰が45度くらい右を向きますが、自分で腰を右に向けようとしたのでは、このポジションは作れないということを覚えておいてください。

なお、柔軟性が低下して深いトップが作れないシニア世代等に関してはこの限りではなく、左足のかかとを浮かせてヒールアップするなどして下半身のテンションを少しゆるめることで上体の捻転量を稼ぐという考え方もあります。

しかしその場合であっても、腰まで上体と一緒にルーズに回ってしまうわけではないので注意が必要です。

上体の捻転につられて腰は自然と回っていく

自分で下半身を回そうとせず踏ん張っていても、上体をしっかり捻転すれば下半身もそれにつられて回り、上下の捻転差が生じる

肩の捻転量よりも腰の捻転量が小さいことが大事
右ひざと太ももを正面に向けたままキープする

アドレス時の前傾を崩さない

肩甲骨の高さを揃えて前傾角度をキープする

トップはかなり窮屈なものだ

トップでは、アドレス時の上体の前傾をキープしていることがとても大事です。

トップで前傾が崩れていて、上体が浮き上がったり沈み込んだり

両肩を背骨と直角に保てば
前傾は維持できる

していると、そのままダウンスイングしたのではうまくボールに当たらないため、ダウンスイングしながら何らかのアジャストが必要になります。このアジャスト動作がスイングのエネルギー効率も再現性も損ないます。

前傾角のキープは、第3章で説明したバックスイングの正しい動きが前提になります。まずは骨盤の前傾を意識し、右の股関節に真上からしっかり乗ること。

バックスイングの後半で体が窮屈になってくると、それらのポイントを崩して楽にトップを作ろうとしがちですが、トップ・オブ・スイングとはかなり窮屈なものです。実際、正しいトップの形を作って保持しようとすると、ものの10秒ほどで息が切れ、汗が出てくるほど。この窮屈さから逃げようとしては、いいトップは決して作れません。

前傾キープのポイントは肩甲骨の位置です。左右の肩甲骨の高さがズレないように、(前傾に対して)左右の肩甲骨が同じ高さに並んでいるトップを目指してください。

前傾姿勢が崩れてしまうと、スイング中にそれを戻して正確にインパクトを迎えるのは困難

無理な動作が軸の傾きを生む

胸の前のスイング軸はアドレス時から崩さない

手でトップを作ると腕と体の関係が崩れる

トップの位置を正面から見たときに、胸の前にあるスイングの軸が、アドレス時と同じ角度であることも重要です。

この軸は、インパクトでのクラブの入射角を左右します。軸が右に傾けばスイングはアッパーになり、左に傾けばダウンブローになります。この軸は基本的には地面と垂直が理想で、ティアップして打てるドライバーの場合のみ、やや右に傾いていてもOKですが、アドレスでしっかり決めたら、スイング中に傾けるのはタブー。前傾角と同様、一度ズレたら戻すために余計なアクションが必要になり、その動作はスイングの再現性を大きく損ないます。

深いトップを作るために捻転量を稼ごうとしたり、クラブを大きく振り上げ高いトップを作ろうとするとこの軸が傾きやすいので注意が必要です。とくに、手のアクションによってトップを作ろうとする場合に起こりやすいため、始

正面から見たときにアドレスとトップで軸の角度は同じ

動の段階から、手に頼らずに体の回転を主体にバックスイングすることが重要です。

　バックスイングの捻転量は、あくまでこれらの前傾角や軸がブレない範囲内で最大になるようにするのだということを忘れないでください。

トップを高く上げようとすると左に傾きやすく（左）、必要以上に捻転しようとすると右に傾きやすい（右）

トップは大きければいいというわけではない

トップの大きさは体格や柔軟性で決まる

無理に大きくしていいことはない

スイングを分析する際に、トップの「大きさ」は気になる部分であり、議論の俎上にも上がりやすいテーマです。

トップは手元やクラブが高い位置に収まり、ダウンスイングに向けて位置エネルギーが蓄積されたポジションです。そのためトップが高いほうが位置エネルギー的に有利なのは間違いありません。これは、身長が高ければ高いほど有利ということでもあり、同じ身長でも軌道がアップライトで手元の位置が高いほうが有利ということでもあります。

また、スイングという回転運動の折り返し地点でもあるため、トップの回転が深いほど、クラブの運動量も体の捻転量も大きくなるため、やはり飛距離を出すためには有利です。

しかし実際は、トップを必要以上に高くしすぎると、自然な回転運動を損なうためむしろ効率が悪くなりますし、大きく回転しすぎると、捻転を受け止めるべき体の右サイドのテンションが抜けてスウェイしてしまったり、前傾や軸、重心ポジションなどのバランスを崩しやすく、エネルギー的にも再現性の面でもデメリットが大きくなります。一般的なレッスンでオーバースイングが悪とされるのはそのためです。

その意味では、自分の体格や筋力、関節の可動域などの範囲内で、適正なトップの大きさは決まります。ここまで説明してきたような「よいトップ」の範囲を逸脱してまで高いトップを作ることも、深く回転しようとすることもデメリットしかありません。

実際、ツアープレーヤーのスイングを見ても、飛ばし屋のトップがみな大きくて深いわけではありません。

飛ばしたいという欲求が強くなるほど、必要な範囲を超えて大きなトップを作ろうとしがちですが、それはむしろ逆効果だということをしっかりと認識してください。

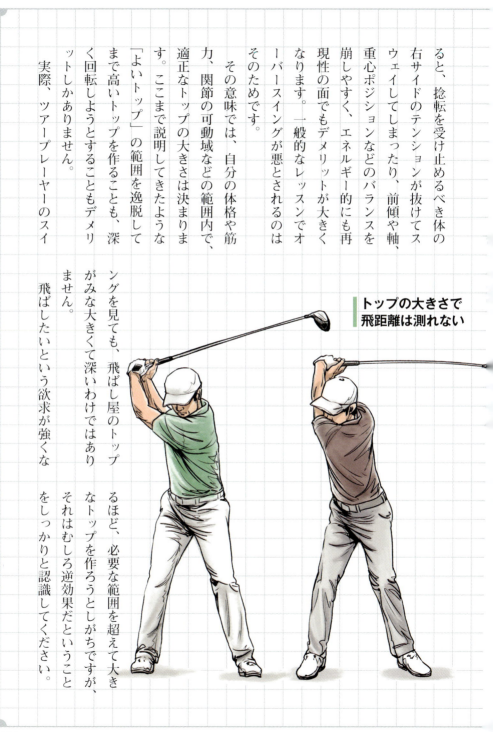

トップの大きさで飛距離は測れない

完全な静止はリズムを損なう

クラブは止まって見えても体は静止するわけではない

トップは完全な静止ではない

プロゴルファーのスイングを見ていると、トップが止まって見える人、ほとんど止まらずにダウンスイングに移行する人など、トップでの「間」の作り方はさまざまです。

しかしプロは、止まっているように見えても実際は完全に静止しているのではなく、体の中に何らかの動きがあり、そのリズムでダウンスイングに移行しています。

クラブが止まって見えたとしても、それは振り子が向きを変える瞬間や、ジェットコースターが上昇から下降に転じる瞬間と同じ。右方向への回転が左方向への回転に切り替わる瞬間に、止まって見えるだけだということを忘れないでください。

トップは流れの中の1パート

第5章

切り返し

スイングの〝肝〟の1つ

バックスイングからダウンスイングへの転換点

形を作ろうとしてはけない

切り返しとは、バックスイングからダウンスイングに切り替わる瞬間。トップ・オブ・スイングの直後であり、ダウンスイングの最初の動作であると考えることもで

切り返し

ダウンスイングの最初の動作を正しく行えば以後の動きも整う

きます。

この切り返しは瞬間的な動作であるうえ、技術的な「コツ」のようなものを多く含んでいるため、スイングの1つの肝でもあり、スイングが整わないアマチュアにとってのウイークポイントになりやすい部分でもあります。

とくに、ダウンスイングの初動として「ボールを強くヒットしたい」という意識から力みやすく、そしてその力みによって動きが悪くなりやすいポジションであるということも、むずかしさの一因になっています。

また、連続写真や動画などで外から「見える」動きと、実際にプレーヤーが行っている動作に乖離(かいり)が生じやすい点もやっかいです。

たとえば、切り返しの瞬間、腕とクラブに深い角度ができて「タメ」が生まれていますが、プレーヤーはこの角度を意識して作っているわけではありません。体の適正な動作によって、結果論的に生じるこの「タメ」を、形として作ろうとした瞬間、スイングは崩れてしまいます。

動きの〝順番〟が肝心

上半身をトップの位置に置いたまま下から動き出す

下半身で上半身を引っ張り下ろす

切り返しにおいてもっとも重要なポイントの1つが「動きの順番」です。

切り返し以降のダウンスイングは、下半身で上半身を引っ張るようにして上下の捻転差を保持しながらクラブが下りてくるのを遅らせることでインパクト直前までパワーを「貯蓄」するのですが、そのためには切り返しできちんとその順序立てをしておかなければなりません。

ダウンスイングで最初に動き出すのは下半身です。手元やクラブなどの上半身をトップの位置に置いたまま、下半身からダウンスイングを開始することで、プロゴルファーの連続写真に写っているような自然でパワフルな切り返しの形が生まれます。

切り返しを手や肩などの上半身から動き出してしまった瞬間、ダウンスイング全体が上半身主導になり、パワーが貯められないだけでなく、軌道も乱れてスイング全体が崩壊します。

　下半身から正しく動き出すためには、体がトップで正しい位置に収まっている必要があります。右股関節上に正しく乗り、上下の捻転差が作れていなければ、切り返しでがんばって下半身から動き出そうとしても、よい形に収まりませんし、それを無理やり調整しようとしても、余計な力が入るだけです。

　その意味では、本章で以後説明していく切り返しの動きがうまくいかない場合は、トップに戻って体のポジションを再チェックすることが大事です。繰り返しますが、切り返しを形で作ろうとしてはいけません。

**下から順に動き出せば
上は下につられて動く**

手から先に
動き出しては
いけない
切り返しで
最初に動くのは
下半身

×

上から動き出すと捻転差がほどけてしまううえ、カット軌道になりやすい

トップでの右の荷重をキープ

右股関節上で下半身の回転をスタート

上下の捻転差をほどかず切り返す

切り返しは下半身から動き出すことが重要ですが、この動きのポイントは、右の股関節上で体の回転をスタートさせることです。

トップでは右太ももが正面を向

いた状態で右の股関節上に真上から荷重し、体が深く捻転されていますが、この荷重と捻転差を維持したままダウンスイングをスタートさせるのです。

右の荷重が抜けると右ひざや右腰が前に出てスイング軌道が崩れますし、左へ体重移動しようとすると、体が左へ突っ込んだり腰が流れて回転不足になってスウェイするなどの問題が発生します。

また、右股関節上で回転すると言っても、トップの状態より右への荷重が増えることはありません。トップよりも右への荷重が増えてしまうと、体の右サイドが下がってあおり打ちになり、ダフリなどのミスが出ます。

体重移動しようとして腰が左にスライドしてしまうとうまく回転できず（上）、左で回転しようとするとカット軌道になりやすい（下）

腕力でなく重力で行う動作

右ひじを下に向けて真下に〝落とす〟

腕が落ちればわきが再び締まる

切り返しでのもう1つの重要なポイントは、腕のポジションです。切り返しは下半身主導でスタートしますが、それに伴って腕も正しいポジションに収まらなければ、

左わきの
テンションを
キープ
右ひじを
下に向けて
真下に落とす

正しい軌道でダウンスイングできません。

トップでは、左わきは体に密着していますが、右わきは少し体から離れています。

切り返しの瞬間、下半身の回転につられて胴体も少し左へと回っていきますが、このとき手元をリラックスさせて、トップの位置に置いたまま切り返しをスタートさせることができれば、胴体の回転によって左わきはいっそう締まり、そのテンションに引っ張られて、意図せずとも手元が動き始めます。

この動きによって、トップで浮いていた右上腕が体に密着し、両わきが締まったポジションが復元されるわけです。

このポジションは、意識的に腕を動かして作るのではなく、トップで右ひじが下を向いた正しい位置に収まってさえいれば、自然と作ることができます。英語圏では「フォール・ダウン」などと言われたりもしますが、まさに右ひじが「落ちる」ように、リラックスしたなかで行われることが重要です。

右ひじが下を向いたまま動かそうとしても、上体に余計な力が入っていると左わきが開いたり右肩が下がるなどの悪い動きを併発するので、注意してください。

胸を右に向けたままクラブを下ろす

切り返しでは絶対に体を開かないことが大事

ペースは失われ、カット軌道にならざるを得ません。

とくに、ウイークグリップの人は、体の開きをギリギリまで遅らせて、インパクト直前で一気にローテーションする動作が必要になるので、かなり意識的に体の開きを抑える必要があります。顔や胸を右に向けたまま切り返すように意識するとよいでしょう。

ウイークグリップの人はとくに注意

こういった動作をすべて踏まえたうえで、切り返しでもっとも重要なことは何かと言えば、「体を開かないこと」です。

これはダウンスイングに至るまで共通することではありますが、下半身がどれだけ先行して回転していっても、上体はできるだけ右に向けたままの状態をキープすることが重要なのです。

上体が開いて肩のラインが左を向けば、クラブは外回りのカット軌道にしかなりません。また、右腰や右ひざが前に出ても、インサイドからクラブを下ろしてくるス

**胸を右に
向けたまま
切り返す**

胸の見え方は
できるだけ
変わらない
ようにする

肩が開いたり右ひざや右腰が
前に出るとダウンスイングは
カット軌道にしかならない

このねじれが飛ばしのパワーを生む

切り返しの瞬間に上下の捻転差が最大になる

シャツの右わきのシワが増える

正しく切り返しが行われると、上半身より先に下半身がダウンスイング方向に回転し始めるため、トップ・オブ・スイングよりも上半身と下半身の捻転差が大きくな

飛ばし屋ほど切り返しの瞬間にシャツのシワが増える

る瞬間があります。

体が早い段階で開いてしまったり手の力で切り返そうとすると、捻転差は大きくならず、パワーロスが発生します。

プロのスイングを見ると、シャツの右わき腹付近のシワが、トップよりも切り返した直後に増えているのがわかります。

この感覚は、トップでスイングを止めずに素振りをしてみるとわかりやすいでしょう。トップの直前、バックスイングでまだ腕とクラブが右方向に動いている最中に、下半身を左に回し始めます。すると、その瞬間に体が強くねじれるのがわかると思います。これは実際のスイングでも同様です。

切り返しは力感が大事

力まずに切り返せるポジションを作ろう

グリップの握りの強さを変えない

ここまで説明してきた切り返しの動きを正しく行うには、いかに上体がリラックスできているかが肝心です。

とくに注意しなければならないのは、グリップの力感。グリッププレッシャーが切り返しで瞬間的に強くなりすぎると、必然的に肩や腕などの上体全体に力が入ってスムーズな動きを損ない、体の開きを抑えた下半身リードの動きはできません。

しかし、どんなにがんばって力を抜こうとしても、体のポジションが悪ければ、そのまま振っても当たらないという直感から、自然とどこかに力を入れて軌道を修正しようとします。

もちろん、必要以上に力を入れないようにすることは必要ですが、それ以上に、関節が正しいポジションに入った正しいトップと、そこから切り返す際の動きの順序が重要だということを忘れないでください。

第6章

ダウンスイング

「解放」前の最後の「貯蓄」

インパクトでパワーを解放するための準備段階

いかにギリギリまでパワーを貯められるか

ダウンスイングは、トップから切り返した後、インパクトに向けてクラブを下ろしてくるセクション。この部分でクラブを正しい軌道に乗せられるかどうかにインパ

ダウンスイングの精度がスイングの質を左右する

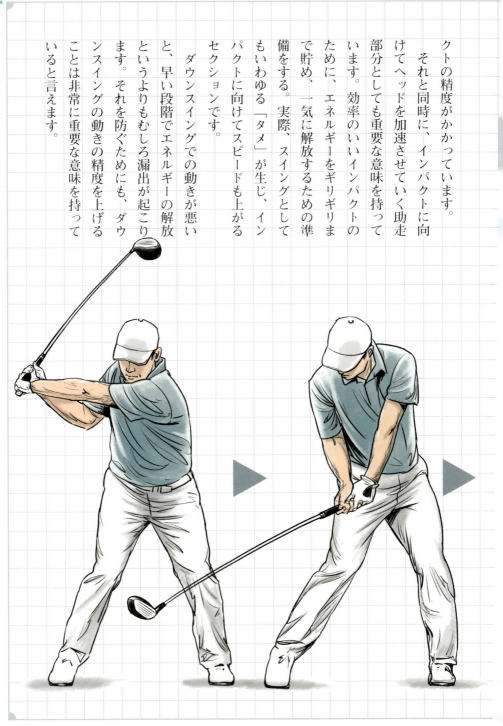

クトの精度がかかっています。
　それと同時に、インパクトに向けてヘッドを加速させていく助走部分としても重要な意味を持っています。効率のいいインパクトのために、エネルギーをギリギリまで貯め、一気に解放するための準備をする。実際、スイングとしてもいわゆる「タメ」が生じ、インパクトに向けてスピードも上がるセクションです。
　ダウンスイングでの動きが悪いと、早い段階でエネルギーの解放というよりもむしろ漏出が起こります。それを防ぐためにも、ダウンスイングの動きの精度を上げることは非常に重要な意味を持っていると言えます。

上下の捻転差をキープする

上下の捻転差をキープしたまま クラブを下ろしてくる

インパクトまで力を逃がさない

インパクト直前までは、ここまで貯めてきたエネルギーをできる限り無駄にせず、保存しておくことが重要です。

そのためにもっとも重要なのが、

胸はまだ
右方向を
向いたまま
下半身から
ダウンスイング
をリード

上半身と下半身の捻転差を維持したままクラブを下ろしてくること。

切り返しの瞬間に最大になった捻転差は、インパクトに向けて体が左に回転していくに従って少しずつほどけていきます。しかし、この捻転差がほどけることによるエネルギーのロスを、極力小さくしたいのです。実際、トッププロのレベルでは、手元が右腰あたりに下りてくるまでは、ほとんどトップと変わらない捻転差を保持しています。

具体的には、ダウンスイングの間、上体を開かずにキープすること。できるだけ胸を右に向けたままクラブを下ろしてくることが重要なのです。

わきの締まりがもっとも重要な場面

両わきのテンションを維持し腕と胴体を同調させる

体の回転に腕が引っ張られてくる

スイング中、両わきが締まった状態を保たなければならないのは、ダウンスイングも同じです。というよりもむしろ、スピードに乗って回転しインパク

トに向かうダウンスイングこそ、腕と胴体の同調がもっとも必要で、わきの締まりが不可欠なセクションであると言えます。ここまでわきを締めることを強調してきたのはすべて、このダウンスイングからインパクトにかけて、わきが締まった状態を作るためといっても過言ではありません。

切り返しでは、腕をトップの位置に置いたまま下半身から左に回転していきますが、この動作によって、左わきがより強く締まるテンションがかかります。ダウンスイングでもこのテンションを維持することが重要なのです。

もちろん、このわきの締まりは、力を入れて作るのではないことも、これまでと同じ。ひじが下を向くポジションを保持すれば、自然とわきが締まったまま腕と胴体は同調します。

このポジションが崩れてダウンスイングで左ひじが外を向くと、左わきのテンションが抜けてしまうため、インパクトまでにもう一度何らかのアクションを加えて、テンションを作り直そうとする動きが生じます。この動きはクラブをスイング軌道から外してしまうだけでなく、余計な力が入ってさまざまな歪みの原因となります。

左ひじが外を向くと左わきのテンションが抜けて腕と胴体の同調が崩れてしまう

内側に絞るようなテンションを維持

右ひじを下に向け体の近くを通して下ろす

右ひじを構えたところに戻してくる

ダウンスイングのクラブの軌道は、右腕のポジションによって作られます。そのため、左ひじだけでなく右ひじの位置と向きも非常に重要です。

切り返しで作った
右ひじと胴体の関係を
崩さずに体を回転

　切り返しでは、右ひじが真下に落ちるような動作によって、トップで空いていた右わきが、ダウンスイングの初期段階で体に近づきます。この動作で、右ひじが右の腰骨付近を指すアドレス時のポジションに戻るわけですが、ダウンスイングからインパクトの間でも、この右ひじの向きとポジションが保たれていなければ、クラブは正しい軌道から外れてしまいます。

　右ひじはインパクトの直前まで曲がったまま、胴体の近いところを通ります。このとき、必ずしも右わきが強く締まっている必要はありませんが、右ひじが下を向いた状態をキープすることで、右ひじを内側に絞るようなテンションがかかっていることが重要です。

　右手でクラブを持たずにシャドースイングしたならば、右ひじは下を向き、右手のひらが上を向いた状態でダウンスイングしてきます。そして、右腕と胴体の関係が保たれたまま体が回転するのにつられて右腕もインパクトに向かっていきます。

右ひじを下に向けたまま体を回転させてくる

右ひじが外を向くと軌道が乱れる

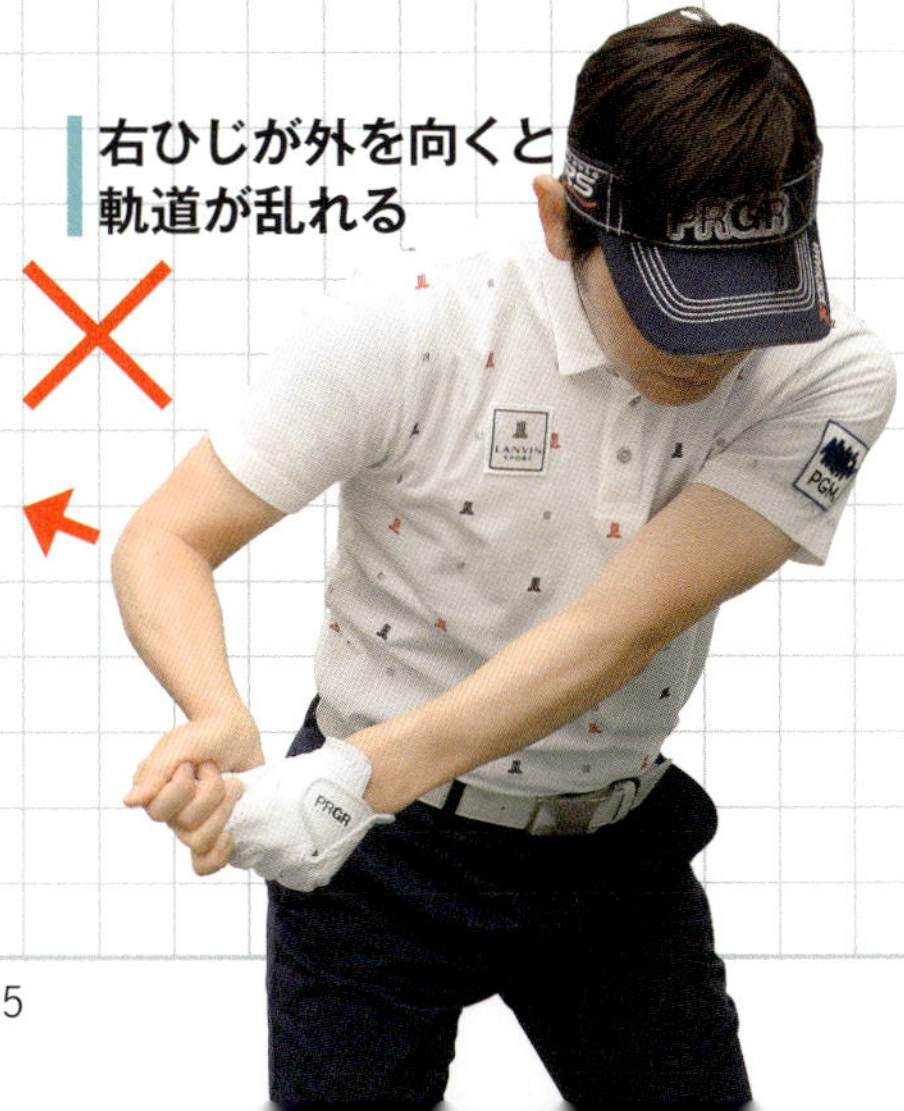

形を作ろうとしても無理

手首をやわらかく使わなければ「タメ」は作れない

ひじを下に向ければ自然とタメができる

ダウンスイングにおいてもう1つ重要なのが手首の角度をキープすることです。スイング中、手首は左右で連動して動きますが、ダウンスイングにおいては、右手首の角度として意識されることが多いようです。

この右手首の角度がダウンスイングの早い段階でほどけてしまうと、いわゆるアーリーリリースになってクラブのタメが消え、エネルギー効率が悪くなるとともに、クラブの軌道もカットにならざるを得ません。

この手首の角度は、写真や動画で見るとギュッと固めてキープし、いわゆる「タメ」を作っているように見えるかもしれませんが、実際はそれとは正反対です。手首をリラックスさせてやわらかく使うことで自然と正しいポジションに収まっている状態なのです。

前ページで説明したような、クラブを持たないシャドースイングをしてみるとわかりやすいのですが、ダウンスイングで右ひじを下に向けたまま、腰を切ると同時に内側に絞り込むようにすると、自然と手のひらは上を向き、それに伴って右手首の角度が深くなるはずです。

実際のスイングでは、これにクラブの重さや遠心力が加わるので、右手首のしなるような動きが強調されます。さらに、下半身が先行することから腕が少し遅れてくるのと相まって、右腕とクラブの角度が深くなります。これが「タメ」の正体。決して意識して形を作っているのではなく、やわらかな動きのなかで自然発生しているものなのだということを忘れないでください。

右腕全体を
やわらかく
使うことが大事

右ひじの
向きが肝心
手首の角度が
自然と深まる

右足はベタ足のイメージ

右のかかとを地面に押しつけるように蹴る

右腰やひざが前に出ないように注意

ダウンスイングで体の開きを抑え、適切なタメを作るためには、下半身の動きも重要です。ティアップした球をアッパーにとらえ飛距離を出すことが求めら

右かかとを浮かさないように蹴っていく
実際は少し浮いても問題ない

れるドライバーショットでは、右サイドに軸を作り、ダウンスイングで右脚を内転させながら蹴るようにダイナミックに使うことで大きなパワーを出します。

しかし飛距離よりも縦の距離やスピン量の安定が求められるアイアンショットでは、再現性を確保するために下半身を静かに使う必要があります。そのため、右足を内側に倒すように、右のかかとを大きく浮かさないようにスイングしたいのです。

かかとをまったく浮かさずにベタ足にする必要はありませんが、動作としては右かかとを地面に押しつけるような使い方がベターです。

右つま先側で蹴ろうとすると、右ひざが前に出やすい

このとき、つま先で地面を蹴るように力を使おうとすると、右ひざや右腰が前に出やすく、右サイドが詰まって右股関節が伸び、前傾が崩れたり、カット軌道になるなどの問題が生じるので注意が必要です。

股関節が伸びないようにして上体の前傾をキープ

下半身によるパワーの蓄積

"ジャンプ"する準備としての沈み込み

体全体で真下に沈み込む

ダウンスイングは、エネルギーの解放のための準備段階だと説明しましたが、下半身の動きにおいて、それは顕著です。

とくに大きなパワーを出したい

ドライバーショットでは、インパクトの前後、両ひざを伸ばしながら真上にジャンプするような動きで地面を蹴って、体の回転を一気に加速させます。これが下半身のパワーの「解放」に当たりますが、ダウンスイングではその準備段階として、少し沈み込むようにしてパワーを貯める動作が必要となります。沈み込む量は個人差がありますが、ジャンプする前にはしゃがみ込む動作が不可欠なのです。

そのため、ダウンスイングの途中で、一瞬ひざを曲げて体を沈めます。アマチュアゴルファーの多くは、ダウンスイングではむしろ体が浮き上がったり上体の前傾が起き上がるような動きが発生しが

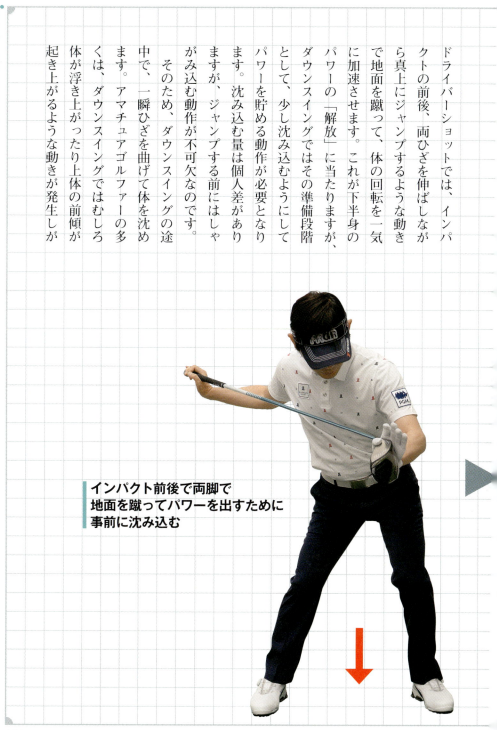

インパクト前後で両脚で地面を蹴ってパワーを出すために事前に沈み込む

ちですので、そういう傾向のある人にとっては、かなり極端に沈み込むような感覚があってもいいかもしれません。

このとき重要なのが、沈み込む方向です。インパクトゾーンでのジャンプ動作では、真上方向に力を使いたい。そのためには、沈み込む方向も真下である必要があります。エネルギーを貯める方向が斜めになってしまうと、解放する方向も乱れます。

ポイントは左脚の向き。左のひざと太ももが正面を向いたまま真下に沈み込むように注意してください。もちろんひざだけでなく、足首と股関節もやわらかく使って、上体の前傾や軸の直立を維持した

沈み込む方向が傾くと
パワーを出す方向も
歪んでしまう

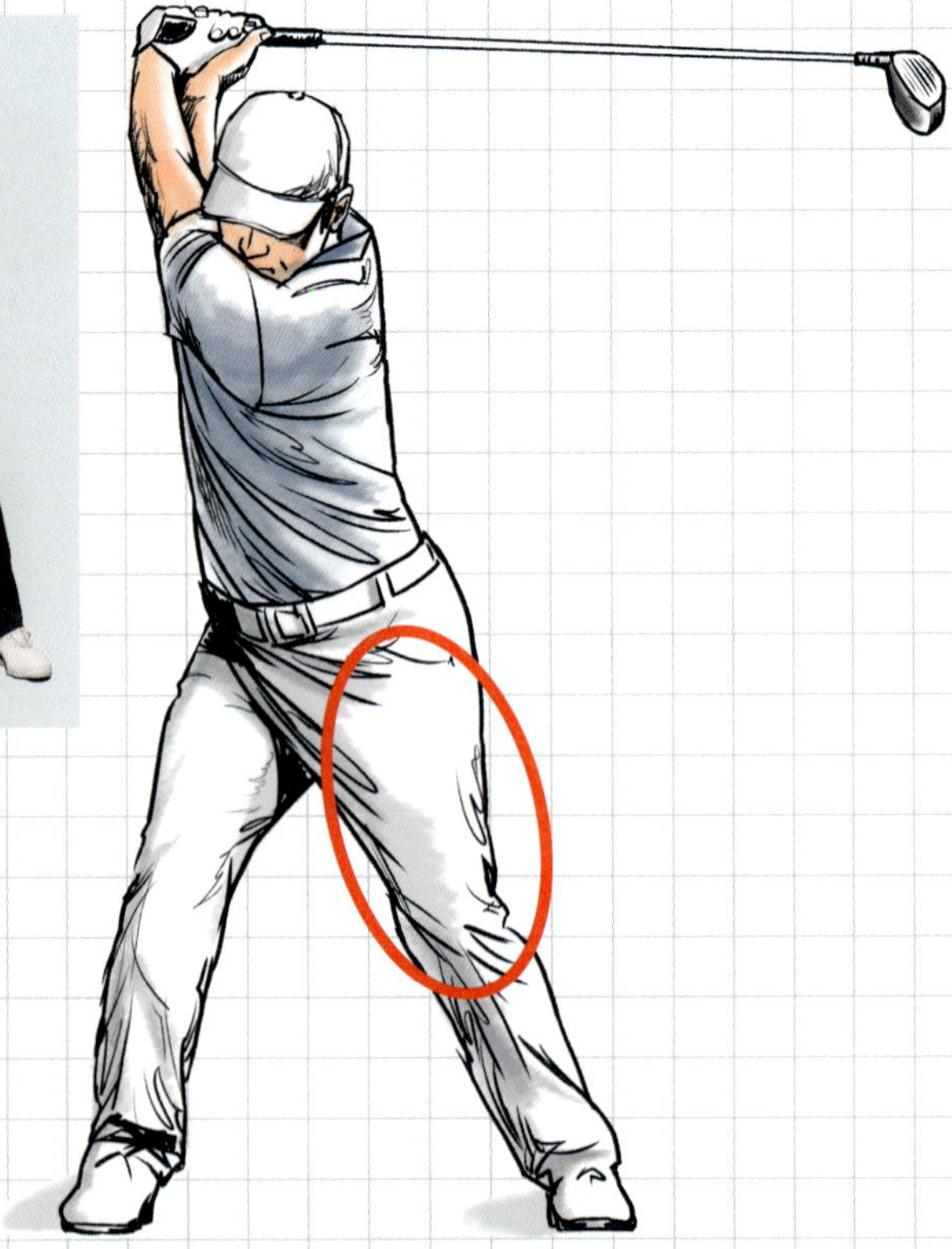

左ひざと太ももが正面を向いたまま
真下に沈み込むのがポイント

まま、静かに滑らかに沈み込むことが重要です。

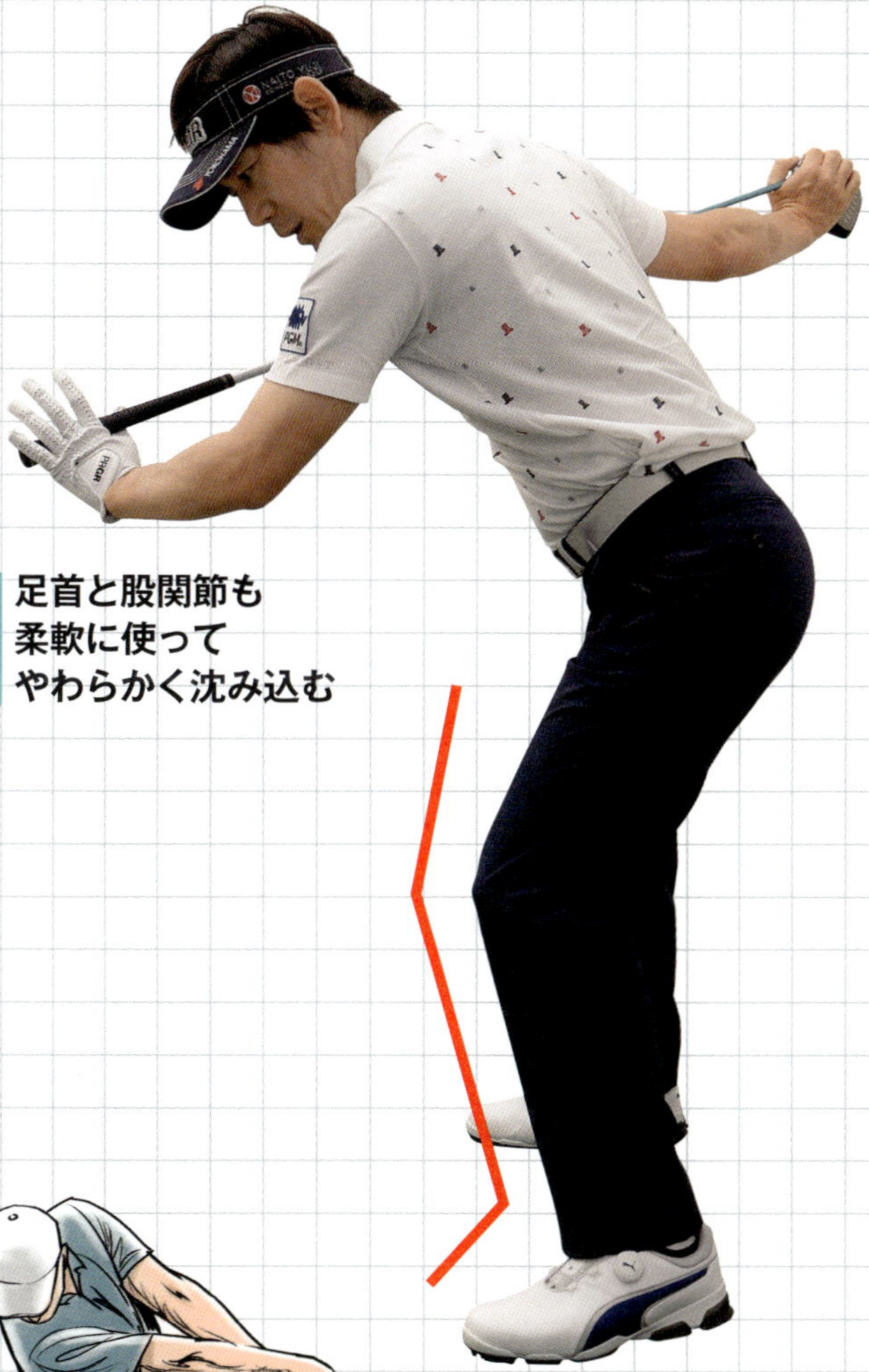

足首と股関節も柔軟に使ってやわらかく沈み込む

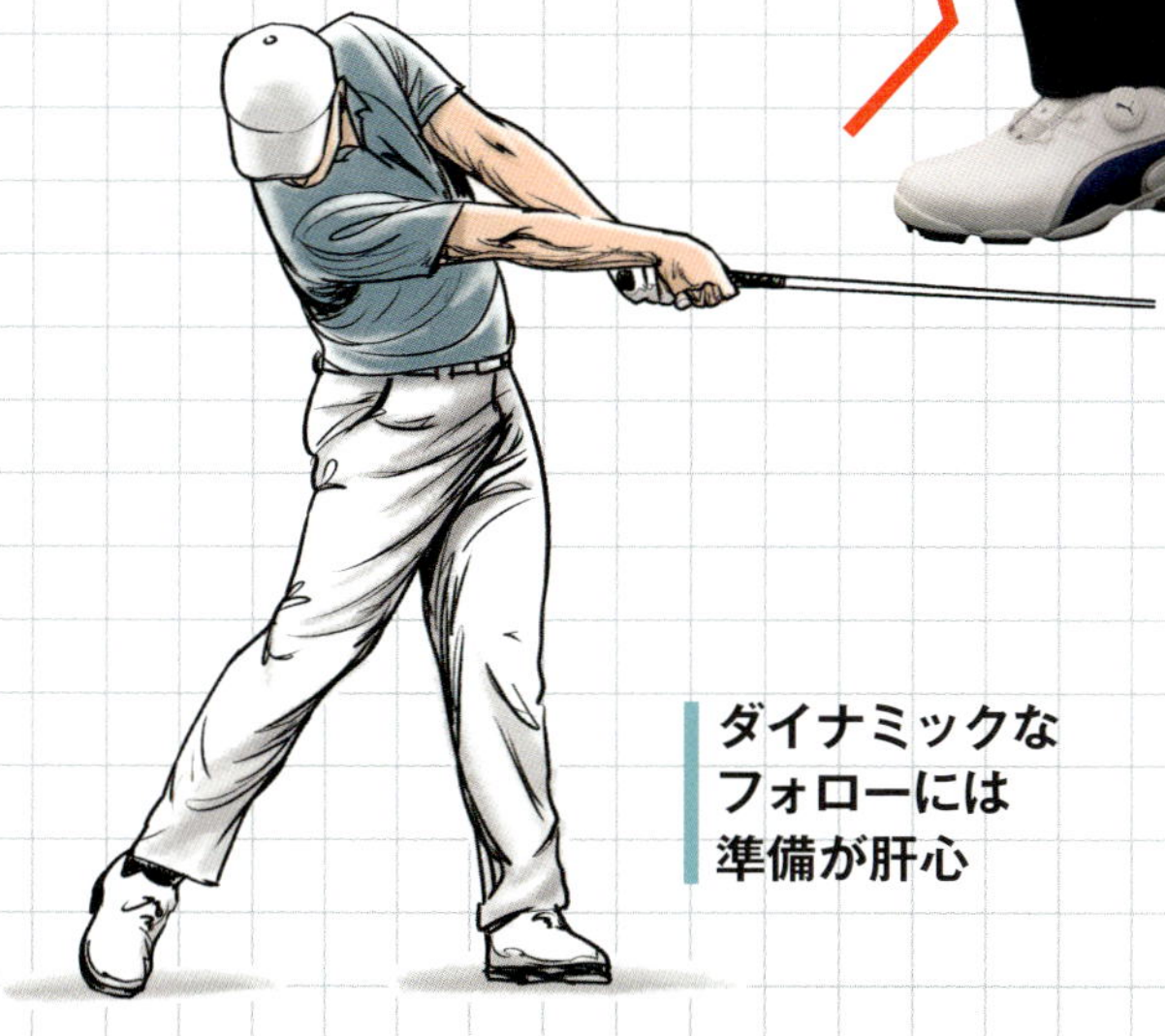

ダイナミックなフォローには準備が肝心

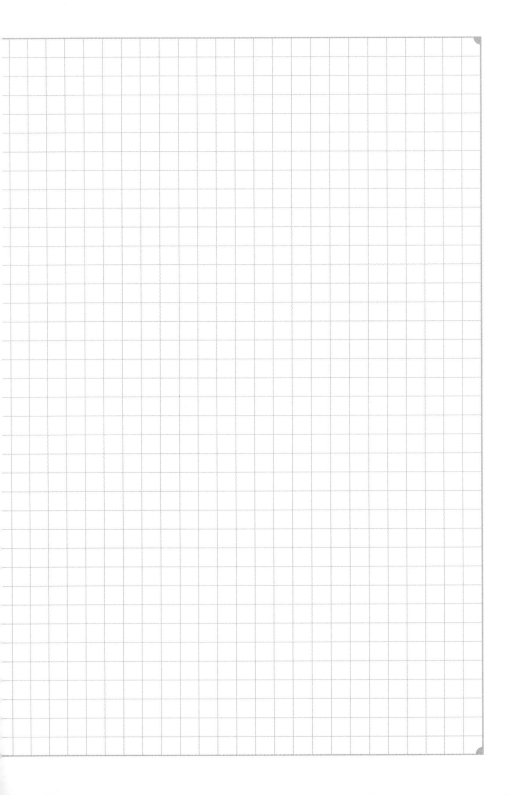

第7章
フォロースルーから
フィニッシュ

「打った後」も疎かにしない

フォロー、フィニッシュはスイングのバロメーター

悪いダウンスイングからいいフォローは生まれない

フォロースルーとフィニッシュは、ボールを打った後の余韻のようなものであって、その形自体は打球に影響を与えません。

しかしスイングとは一連の、し

上級者は例外なくフィニッシュのバランスがいい

かもスピードのある動きですので、インパクトまでの動きは自然とその後のフォローやフィニッシュの動きと連動します。よいダウンスイングからひどいフォローにつながることも、ひどいダウンスイングからよいフォローにつながることもほぼあり得ません。

また実際に、フォローやフィニッシュを意識することで、その過程であるダウンスイングやインパクトを改善することは可能ですし、そういったイメージでスイングしているプロも多くいます。

その意味ではスイングのバロメーターであり、よいフォロースルー、よいフィニッシュを作ることには大きな意味があると言えます。

きれいに振り抜くためには
スムーズなダウンスイングが
不可欠

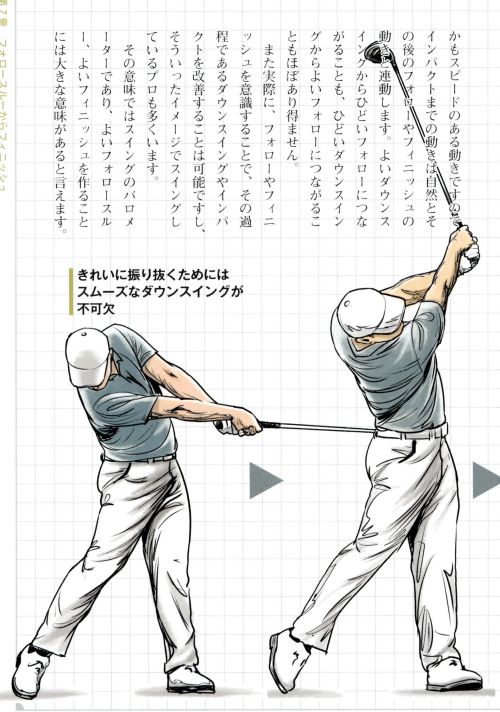

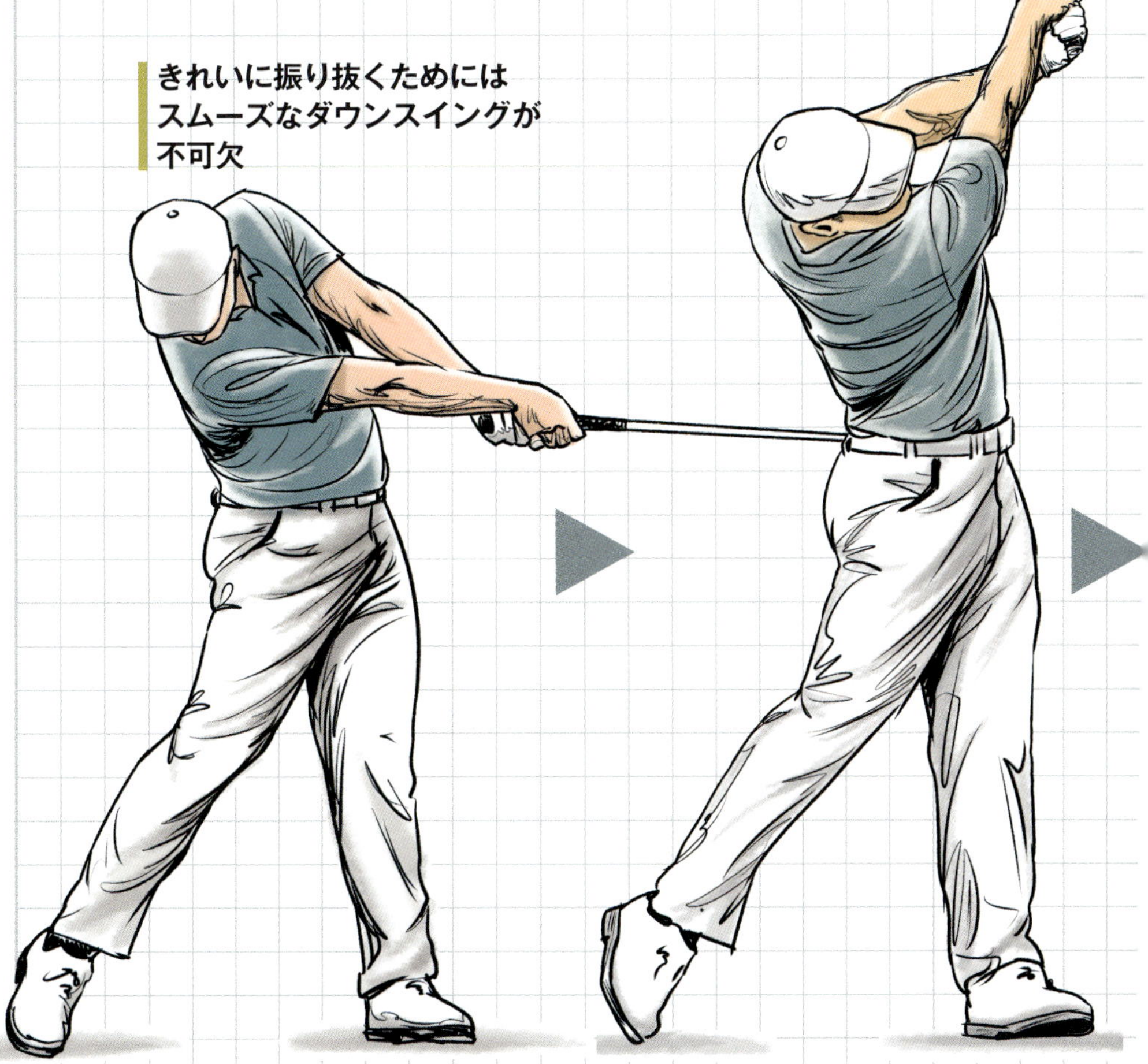

ヘッドをスムーズに加速させる

貯めてきたエネルギーを一気に解放するセクション

ダウンスイングからの一連の動きが大事

インパクトからフォロースルーにかけては、そこまで貯めに貯めてきたスイングのエネルギーを一気に解放するセクションです。

エネルギーの解放とは具体的に何なのかと言えば、クラブヘッドの加速です。ボールをヒットするクラブヘッドを、加速させながら、そしてできるだけ速いスピードでボールにぶつける。そのためのアクションと考えてください。

物体が加速するためには、できるだけ直線的にスムーズに動くほうが効率がいいことはわかると思います。ですので、パワーの解放

フォローが詰まったり引けたりするとヘッドはスムーズに加速しない

をスムーズに行えれば、おのずと方向性もよくなります。

　フォロースルーが「詰まっている」とか「引けている」などと言われる状態は、この解放が上手に行われていない状態。体の動きが悪くて解放していくべきフォロー方向に動きの妨げになる部分があると、ヘッドの加速が不十分になってエネルギー効率が悪化し、飛距離は出ずに球も曲がります。

　スムーズなフォロースルーのためには、実際にはフォローだけを意識してもダメ。インパクト直前、つまりダウンスイングの最終段階からの一連の動きとして考えて、はじめてフォローの形が整っていくものと考えてください。

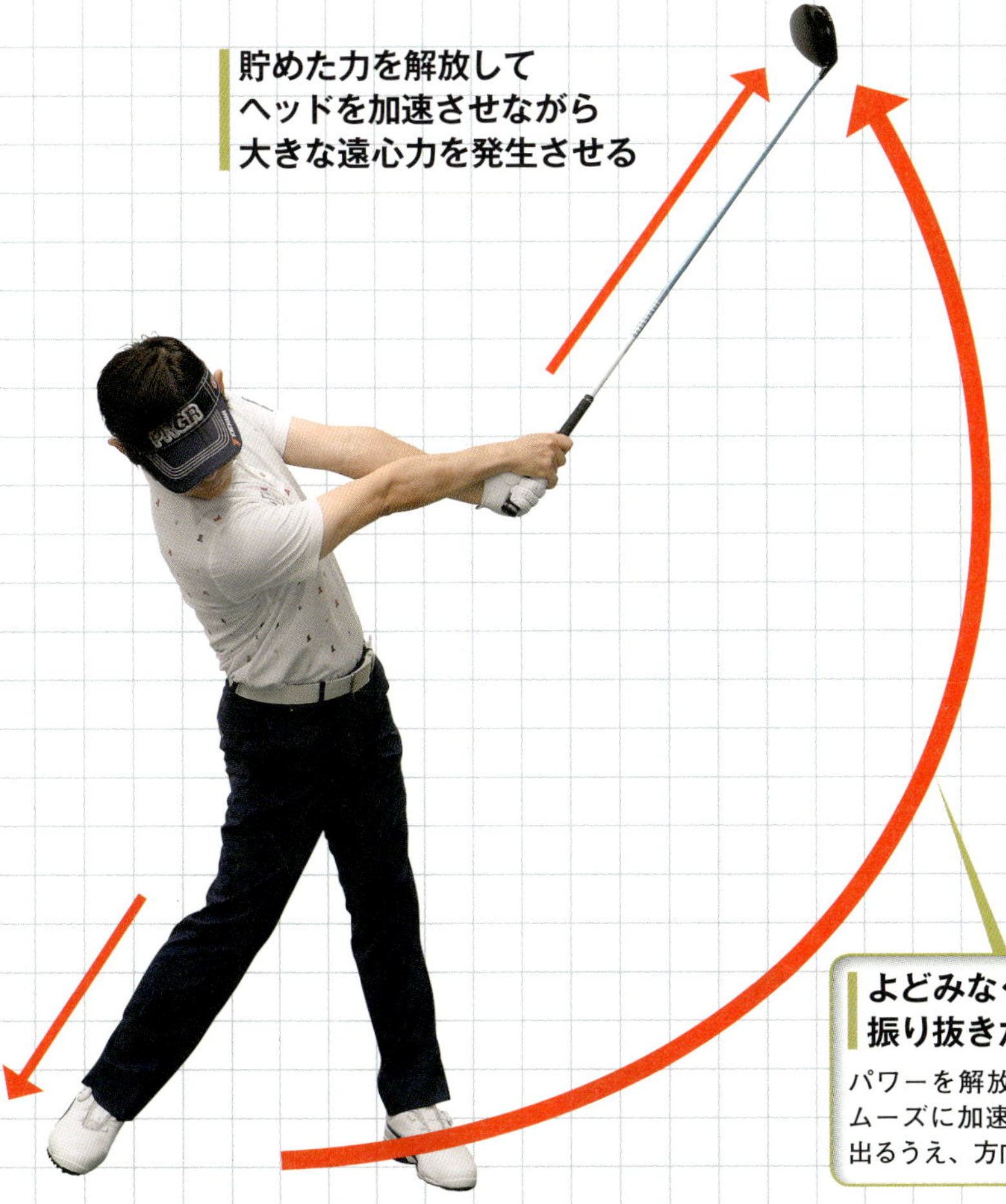

貯めた力を解放して
ヘッドを加速させながら
大きな遠心力を発生させる

よどみなく一気に振り抜きたい

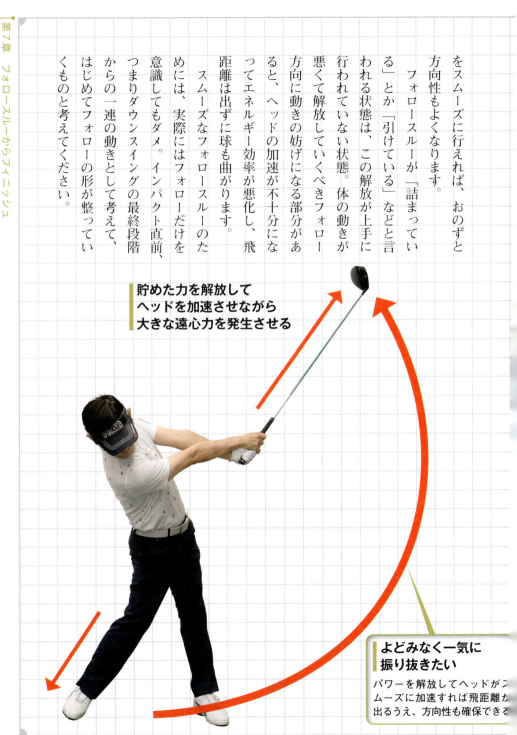

パワーを解放してヘッドがスムーズに加速すれば飛距離が出るうえ、方向性も確保できる

ひざの伸展が回転を促進する

トップで曲がった左ひざはインパクトで伸びる

振り子を加速させる原動力

エネルギーの解放の原動力となるのは下半身の動き。もちろん、腕や上体でも解放は行われていきますが、それらのきっかけでもあり、ヘッドの加速のエンジンとな

左ひざが伸びると
それに伴って
腰も回転する

る力は、下半身が生み出します。

その主となるのは、ダウンスイングで曲げたひざを伸ばしながらジャンプするような動きです。インパクトの直前に、両ひざを一気に伸ばすことで、下りてきた腕とクラブを加速させ、目標方向に放り出すように振り抜いていきます。

5円玉をひもで吊るした振り子を加速させようとするときには、5円玉が軌道の最下点にくる直前に、ひもを持っている手元部分をクイッと持ち上げるように動かすと思います。そのときの手元の動きは、小さくスピーディなほうが5円玉がスムーズにかつ大きく振れていきます。ゴルフスイングにおいても、下半身がこの役割を果たすのです。

この脚で蹴る動作は、上体の前傾をキープしたまま行わなければなりません。そのため、お尻の位置が前に出ないように、体の前側、つま先側で蹴るのがポイントです。上体が起きやすい人にとっては、前傾を深めながら蹴るくらいの感覚があってもいいかもしれません。

振り子を加速させるのと同じ

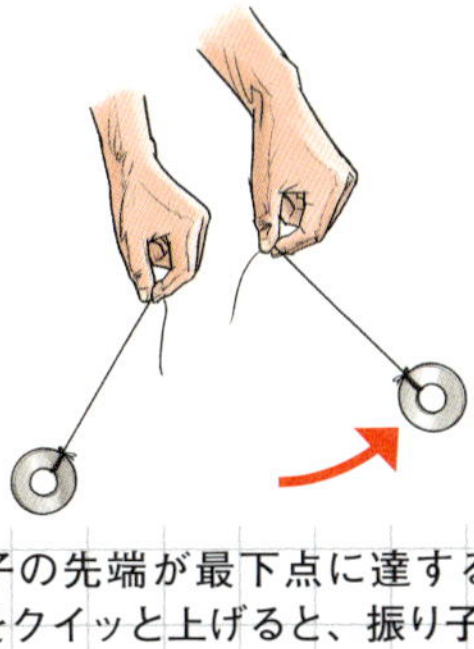

振り子の先端が最下点に達する直前に、手元をクイッと上げると、振り子は加速する。下半身の蹴りも同じ効果がある

右脚の蹴りで回転力を高める

右脚を内旋させつつ伸展させてパワーを出す

大きなパワーを出すのは右脚

ダウンスイングからフォローにかけての右脚の蹴りは、大きなパワーを出さなければならないドライバーショットの場合はとくに重要です。

バックスイングからトップにかけて折り込まれた右の股関節を伸展しながら、右脚を内旋させつつ斜め後ろ方向に蹴っていきます。そしてトップで曲がっていた左ひざも自然と伸び、これに伴って腰も回転してフォロースルーに向かってクラブが加速しながら振り抜かれていきます。

このとき、飛ばし屋の選手では、パワーを出し切った結果、両足のかかとが浮いたり左足のつま先が外を向くように動くケースもありますが、これはあくまで大きなパワーを出そうとした結果です。

反対に、方向性を重視した動きでは、インパクト時に一度浮いた右足のかかとがもう一度地面につくように押し込まれる「ダブルプロック」の動きなどが見られます。

折り込まれた右股関節を伸ばしつつ、右脚を内旋しながら地面を強く蹴ってパワーを出す。このとき、左ひざも伸びていく

クラブと体が引っ張り合う形

“ベッド・ビハインド・ザ・ボール”はスイングの必須条件

頭はボールより後方をキープ

右脚を蹴って体を回転させながらも、右脚のテンションを抜かずに地面に圧をかけ続ける。これによって、体の右サイドが前に出すぎずに「粘る」ことができると、

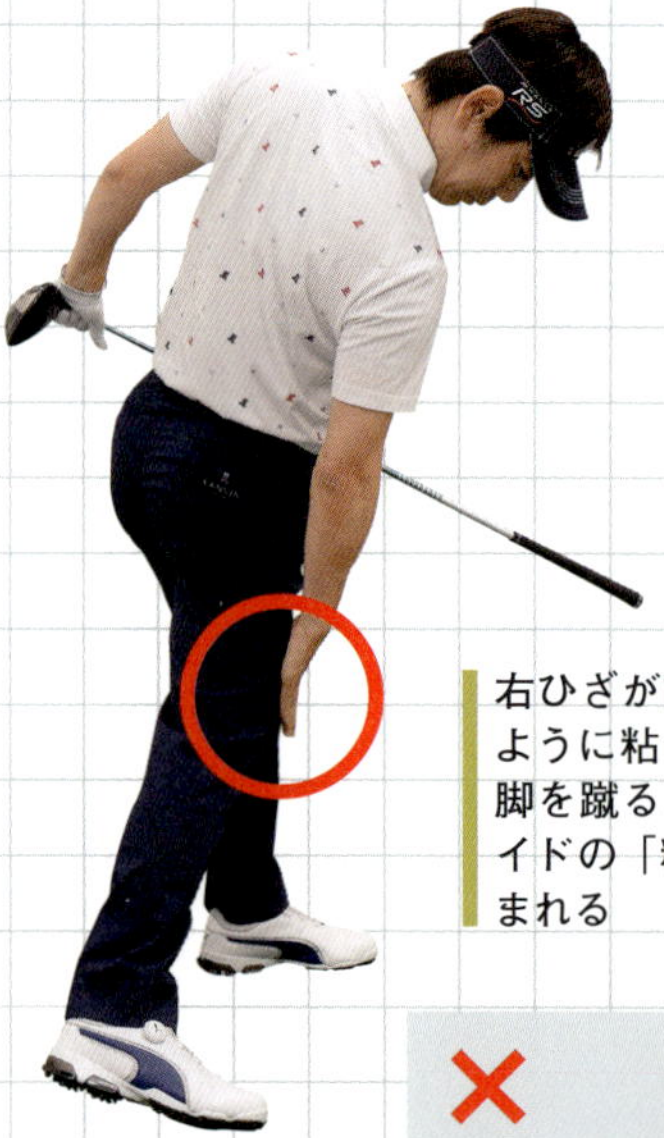

右ひざが前に出ないように粘りながら右脚を蹴ることで右サイドの「粘り」が生まれる

フォローで腕やクラブと右脚が引っ張り合うような状態になります。

ゴルフスイングは回転運動ですので、この右サイドの粘りがないと軸が目標方向に流れてしまい、ヘッドも加速しませんし軌道も乱れます。遠心力は、運動の中心と引っ張り合いながらでなければ生じないのです。

これによって、頭をボールよりも後方に置いておくという「ヘッド・ビハインド・ザ・ボール」の状態が作られます。これは、おそらくプロゴルファーが100人いれば100人がそうなっているであろうゴルフの数少ない「基本」の1つ。スイングの必須条件ですので必ず守ってください。

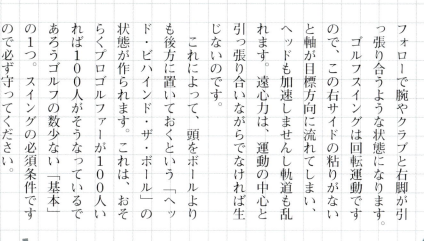

インパクト後も頭はボールより後方にある
ヘッドと右脚が引っ張り合うような形

フォローでもひじは下向き

左ひじをたたんで腕をローテーションする

左肩を低く保って背中側に振り抜く

フォロースルーでは、体の左側に向かってヘッドを大きく放り出し、大きなアークで振り抜くことも非常に重要です。

ただし、大きく振り抜くと言っても、両腕を伸ばしてハンマー投げのように振っていくわけではありません。左ひじをたたみながら、ヘッドがきれいな円を描くように振り抜いていくことで、遠心力のエネルギーを無駄なくヘッドスピードに変換することができます。

ポイントは、左ひじの向き。これまで同様、フォローでもひじを下に向けておくことで、腕と胴体

左わきに軽く挟んだ右手の上を左上腕がなぞるように外旋していく

が同調し、クラブが自然と軌道に乗ってスムーズに抜けていきます。

　左ひじがこのポジションに収まれば、フォローでは左前腕が外旋しながら左手首が甲側にヒンジされ、自然なフェースローテーションで球をつかまえられます。

　ひじのポジションが悪いと、左肩が上がって左肩と首の距離が詰まります。フォローでは左肩を低く保つように振り抜いてください。

左ひじを下に向けたまま、
左手の甲が下を向くように
ローテーションしていく

ひじのポジションが正しくないと左肩が上がり、左肩と首の距離が詰まる

ボールが止まるまで見送れる形

バランスよく振り切って胸が反対側を向くまで回る

胸を張って内ももが密着

フィニッシュはスイングの終着点。フォローと同様、フィニッシュの形自体が打球に影響を与えることはありませんが、よいスイングは必ずよいフィニッシュに収ま

右肩が目標を指すまで回転
ピンと伸びた左足で立つ

クラブを胸の前で持って、上体が180度回るまで振り切る。この形から両手でグリップを作ったポジションがフィニッシュだ

ります。

フィニッシュで重要なことは、ちゃんと最後まで振り切れていること。ここまでのスイングの動きに問題があり、どこかにスムーズさを欠くと、そこに引っかかりが生じ、スイングを最後まで振り抜けずに止まってしまいます。

たとえば、ドライバーでもシャフトが立ったままのフィニッシュになっているアマチュアゴルファーは多いですが、これは手首がうまく使えておらず、突っ張って振り抜けないか、スイング軌道が悪いせいで振り抜いた結果そこで止まってしまっているということになります。

回転量は個人差がありますが、

背中が丸まらず
１枚の板状
右足に体重はかけず
つま先立ち

クラブを横にして胸の前に持ってシャドースイングをしたときに、クラブが180度回った状態が目安です。このとき、両手の間隔を肩よりも広めにするのがポイントです。フィニッシュでも背中が丸まらず、両ひじが下を向いて胸を張るような位置に振り抜いてください。

　このとき、左脚はピンと伸び、ほぼ左足1本で立っている状態。右足はつま先立ちです。左肩が深く入っていて、両内ももがピッタリとくっついているのが理想です。

　フィニッシュでは、バランスを崩さず静止できることも大事です。

　バランスを崩して静止していられないということは、スイングの軸が安定していない証拠です。打ったボールが地面に落ちて止まるまで見送れるくらい、バランスのいいフィニッシュを目指してください。

回転量が不足したり、バランスを崩すとキレイなフィニッシュに収まらない

左耳の後ろ
まで振り切る
バランスを崩さず
ピタッと静止
両内ももが
くっついている

打ったボールが落ちて止まるまで見送れるようなバランスでピタッと止める

第8章

インパクト

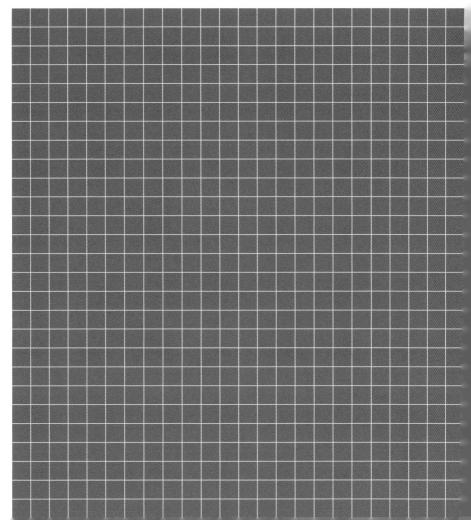

インパクトは「点」から考える

理想的なインパクトの形を再現できるようになろう

止めて作れないものを動きながら再現できない

第8章では、インパクトについて細かく取り上げていきます。

スイングの流れとしては、第6章の「ダウンスイング」のあと、第7章の「フォロースルーからフィニッシュ」の前に入るべきセクションですが、インパクトに関しては、それ自体がスイングの目的であり、アドレスからフィニッシュまでの一連の動きがうまくいった結果として表れるものであるため、あえて流れから外して、スイングの最後に持ってきました。

そのインパクトを考える際に、1つの「点」ととらえるべきか幅のある「ゾーン」で考えるべきかという議論をよく耳にします。

これについて結論から言うと、まずポーズとしての形を点として正しく認識することは非常に重要だと私は考えています。

インパクトは、スイングという非常にスピーディな動きのなかの一瞬の出来事であり、スイング中にその瞬間の形で止めることはできません。また、極めて動的なものなので、止まった状態で作った形を実際のインパクトと完全に一致させることもできません。体の捻転具合や遠心力のかかり方なども同じにはならないので、体が感じるフィーリングも一致しないでしょう。

そのため、プレーヤーによっては、インパクトは一連の動きのなかの通過点にすぎないと考え、あえて意識しないとか、「点としてのインパクトは存在しないと考える」という人もいます。

その考え方は、ある程度のレベルに達したプレーヤーが、うまくスイングするための現場での工夫の1つとしては尊重できますが、スイングについて考察を深め、上達を目指していくためには、インパクトから目をそらすことはナンセンスです。

たとえ通過点であったとしても、スイングの最重要ポイントであるインパクトの形を正しく認識せずにいいスイングを作ることはできません。正しいイメージを持たずしていいスイング、いいインパクトを目指すというのは、設計図なしで家を建てようとする行為に等しいと言えます。

しかし多くのアマチュアゴルファーは、静止した疑似的なポーズであってもいいインパクトの形を作れない人がほとんどです。プロや上級者であれば、「インパクトは考えない」と言う人であっても、インパクトの形を再現させてみると、非常に理に適ったポーズを作ります。

いいポーズを再現できればいいインパクトでボールを打てるわけではありませんが、いいポーズを作れない人がいいインパクトでボールを打てたとしても、再現性はありません。

ボールを打ったり素振りをしたりという練習と並行して、正しいインパクトの形を作れるようになってください。そしてそこから、インパクトゾーンへ、スイングへとイメージを広げていくことも、レベルアップのためには必要な工程ではないでしょうか。

ボールを強くヒットするための形

手元と体の右サイドが押し込まれた状態

下半身が先行し頭を残して打つ

では、理想的なインパクトの形とはどんな形なのか。

これは番手はもちろん、打ちたい球筋や、グリップの握り方によっても違ってくるので、100パーセントの正解というものは存在しません。しかし、ある程度共通する絶対的な条件はいくつかあり、それらはアドレスと比較して考えるとわかりやすいかもしれません。

まずいちばん大きく違うのは腰の向き。左太ももの内側がブロックされた状態で右太ももが押し込まれることで内ももの間隔は狭まり、アドレスでボールに正対していた腰は、バックル部分が目標方向を指すように左を向きます。

肩と上体も、下半身の回転に引っ張られて、アドレス時よりも若干開いているのが普通です。

上体の前傾は、極力アドレス時に正確に戻すのが理想ですが、ほんのわずかな上下であれば許容範囲と言えます。

手元の位置はグリップの握りに

よって大きく変わりますが、アドレス時よりは目標方向に押し込まれた状態でインパクトします。手元が浮くのは避けたいですが、実際はシャフトがトウダウン（下方向へのしなり）を起こすぶんアドレス時よりわずかに上がります。

正面から見た頭の位置は、原則的にはアドレス時のポジションに戻ってくるべきですが、多少のズレは許容範囲です。

そして胸の前の軸の傾きがスイング中変わらず、アドレスとインパクトで同じ位置にあること。これが精度の高いインパクトの条件と言えます。

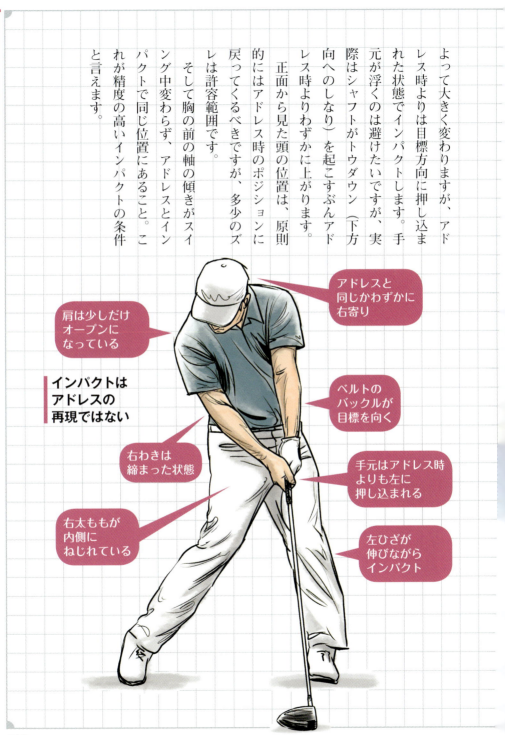

アドレスと同じかわずかに右寄り
肩は少しだけオープンになっている
ベルトのバックルが目標を向く
右わきは締まった状態
手元はアドレス時よりも左に押し込まれる
右太ももが内側にねじれている
左ひざが伸びながらインパクト

インパクトはアドレスの再現ではない

インパクトの至上命題

いかに体を開かずにボールをとらえられるか

体が開いたら球がつかまらない

インパクトの形について細かく説明していけばキリがありませんが、「いいインパクト」とは何かをひと口で表せば、「いかに体を開かずに打つか」ということが命

肩のラインはほぼスクエアでインパクトしたい

題だと言ってもいいでしょう。

　ダウンスイング以降、体はフォロー方向（左）に向かって回転し続けます。その動作のなかで、どれだけ上半身をトップ時に近い右向きの状態で残せるか。そしてどれだけ下半身を先行させられるか。

　上半身に対して下半身を大きく先行させられれば、ダウンスイングで大きな捻転差を生み出せます。しかし、その動きが強すぎて上半身を残せないところまでいってしまい、インパクト時に肩や腰のラインがオープンになりすぎてしまうと、スイング軌道はカットになりやすく、フェースも開いてエネルギーのロスが起こり、球も曲がります。

　この両者の間で、体が開かない範囲内で、最大限に体を回せているのがいいインパクトなのです。

　ウイークグリップの場合とストロンググリップの場合では体の開き加減の許容範囲に差があり、その違いは後述しますが、後者のほうが体が開き気味でもOKではあります。しかし、基本的な考え方としてはどちらも同じ。インパクトを考える際の絶対的な命題なのです。

左太ももにブロックされながら腰が左に回る

スクエアの作り方が異なる

グリップの握りによってインパクトゾーンの動きが違う

正しい動きを知ることは必要

グリップの違いによるインパクトの違いは、インパクトの瞬間そのものというよりも、インパクトゾーンを通過するときの、手元の動き方の違いです。

ウイークグリップ

顔を右に向けて
左手を外側に
絞り込むようにする
体は開かない
チン
バック

それは、グリップの握りによって、左手とフェース面との関係性が異なるからです。

ウイークグリップで握っている人は、インパクトでフェースをスクエアにするには左手親指をサムダウン（地面に向ける）するように手を手のひら側に巻き込みつつ、左肩からクラブヘッドが一直線になるようなポジションを作る必要があります。

そしてこのとき、体を絶対に開かないようにヘッド・ビハインド・ザ・ボールを強め、顔も少しチンバックして飛球線後方に向くような体の使い方をします。

一方、ストロンググリップの人がインパクトでフェースをスクエアにするには、少し左手小指側を飛球線方向に向けるように押し込みながら、強めのハンドファーストを作る必要があります。

ウイークグリップの人と比べると体が少し開いていても問題なく、体の回転が先行している状態でインパクトをします。

インパクトゾーンの動きはとてもスピーディでほんの一瞬の出来事です。そのため、イメージした形を正確になぞりながらスイングすることは到底不可能です。しかし、だからといって無頓着でいいわけではなく、それぞれのグリップに合ったインパクトゾーンの動きを知ることは重要です。

ストロンググリップ

体の回転を先行させハンドファーストにインパクトする

左手小指側を飛球線方向に向ける感じ
PRGR

顔を右に向けて体の開きを抑え左手を早めにロールする

左手甲をターゲットに向ける

ウイークグリップの人の場合のインパクトゾーンの左手の動きを改めて説明しましょう。

ウイークグリップの人は、体を先行させてインパクトを迎えたと

左わきを締めたままさらに前腕をロールしてヘッドを走らせ、振り抜いていく

インパクト直後には前腕のローテーションが進み、手のひらが正面を向くくらいの状態

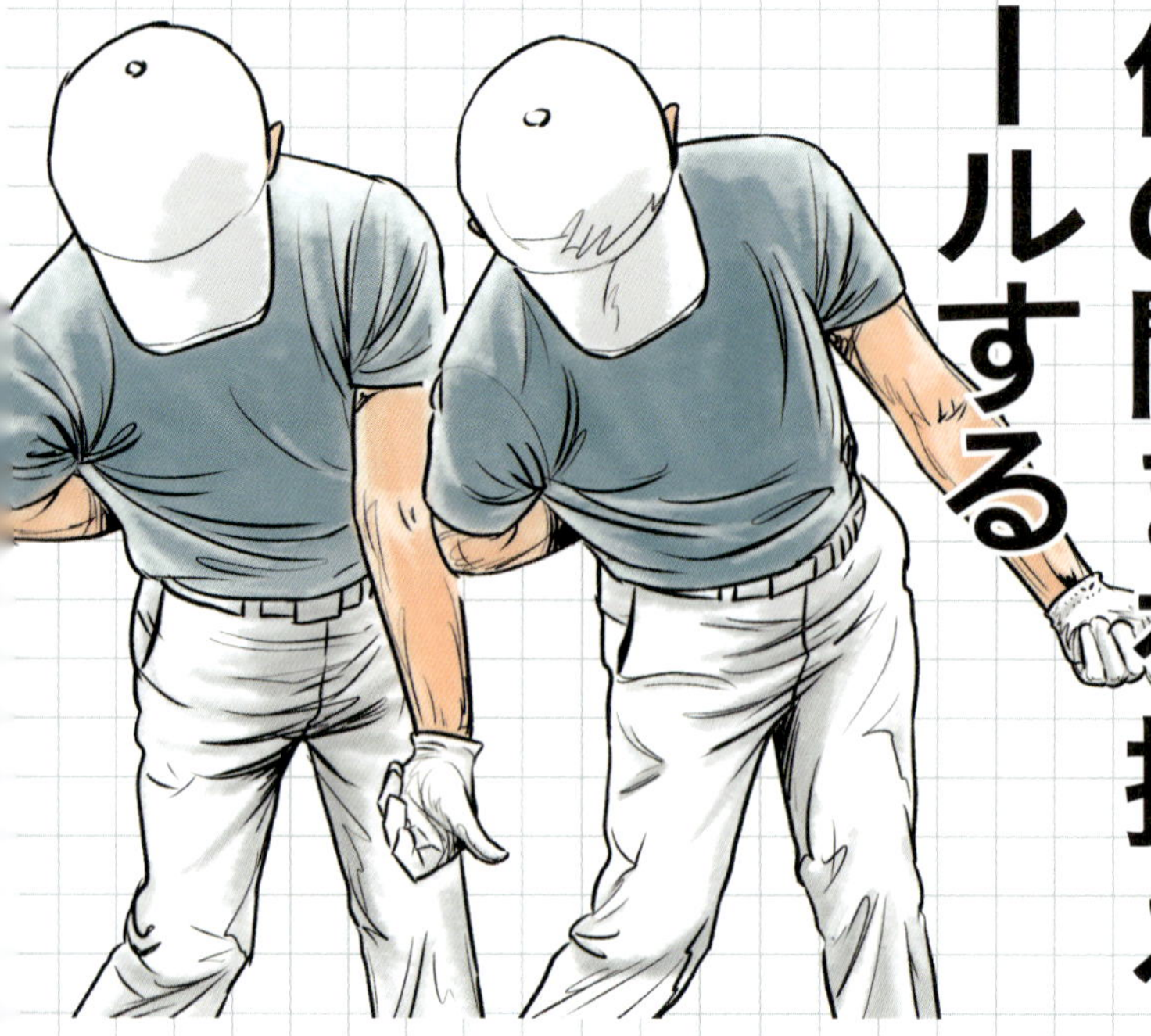

きにフェースが開きやすいので、左手のロールを積極的に使って球をつかまえる必要があります。

ダウンスイングでは絶対に体が開かないように注意しながら下半身を先行させ、左前腕のローテーションを早めに開始します。このとき、左手首を手のひら側に絞り込むようにしてフェースをシャットに使っていきます。

インパクトでは左手の甲が左下方向を指すくらいの状態で、少し顔を右に向けるようにして体の開きを抑えて球をとらえます。

インパクト後は、左前腕の外旋を積極的に行い、早めに親指を立てるようにして振り抜いていくのがポイントです。

ウイークグリップの左手の動き

左手の甲が左下を指すくらいの形でインパクト。顔を右に向けるようにして上体の開きを抑える

左前腕のロールを早めに開始し、左手首を手のひら側に絞り込むようにクラブを遅らせる

体の開きを極力抑えて、左上腕が胸をこするようにインサイドからダウンスイングを開始

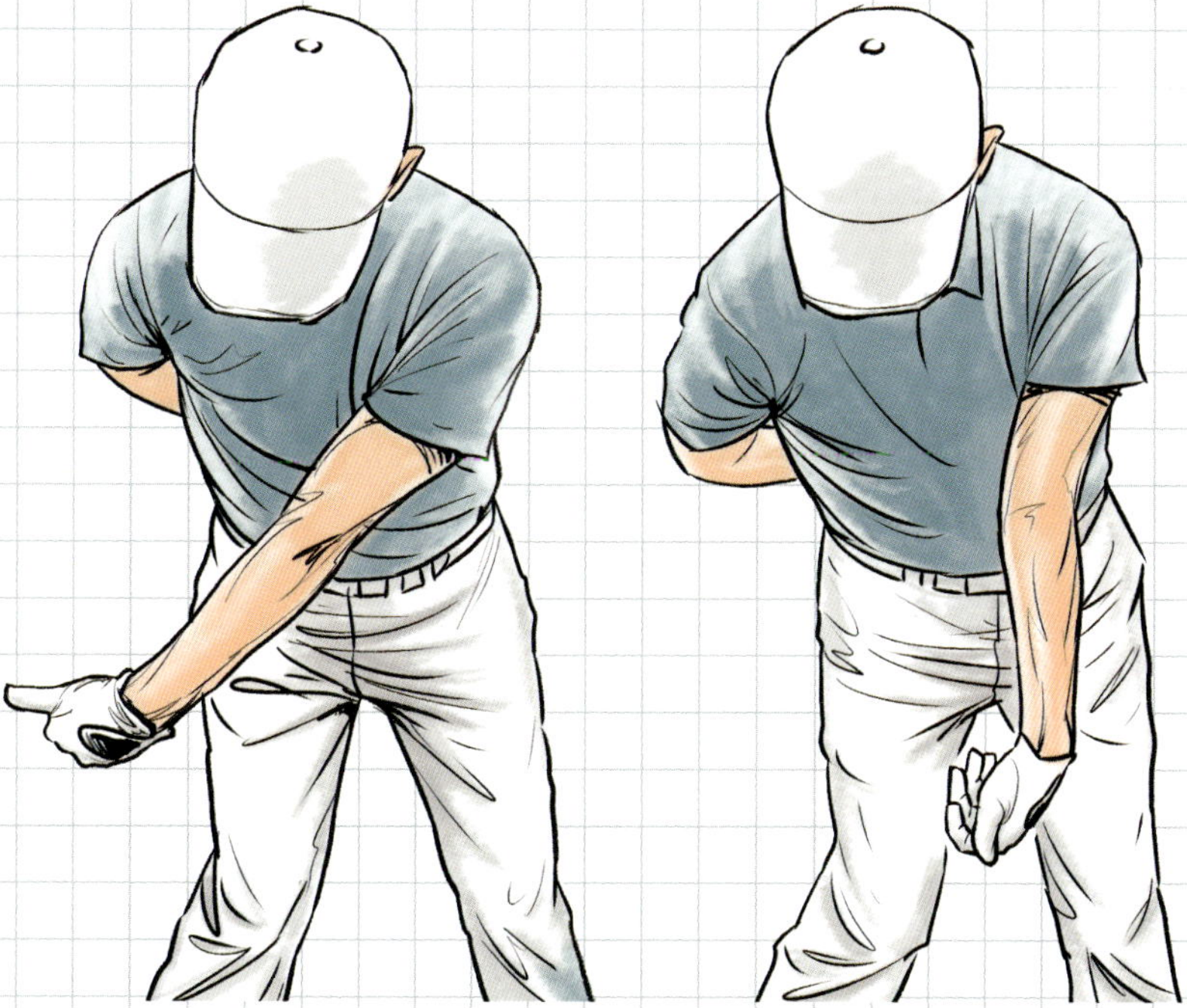

ストロンググリップのインパクトゾーン

ハンドファーストを強めて振り抜く

左手小指側が先行して動いていく

ストロンググリップの人は、そのままクラブをインパクトゾーンに下ろしてくるとフェースがかぶりやすいので、積極的に体を回転させ、ウイークグリップの場合と

フォローでは左手首が甲側に折れながらフェースターンを抑えて振り抜いていく

インパクト前後で手元が平行移動するように真っすぐ動き、ハンドファーストが強まる

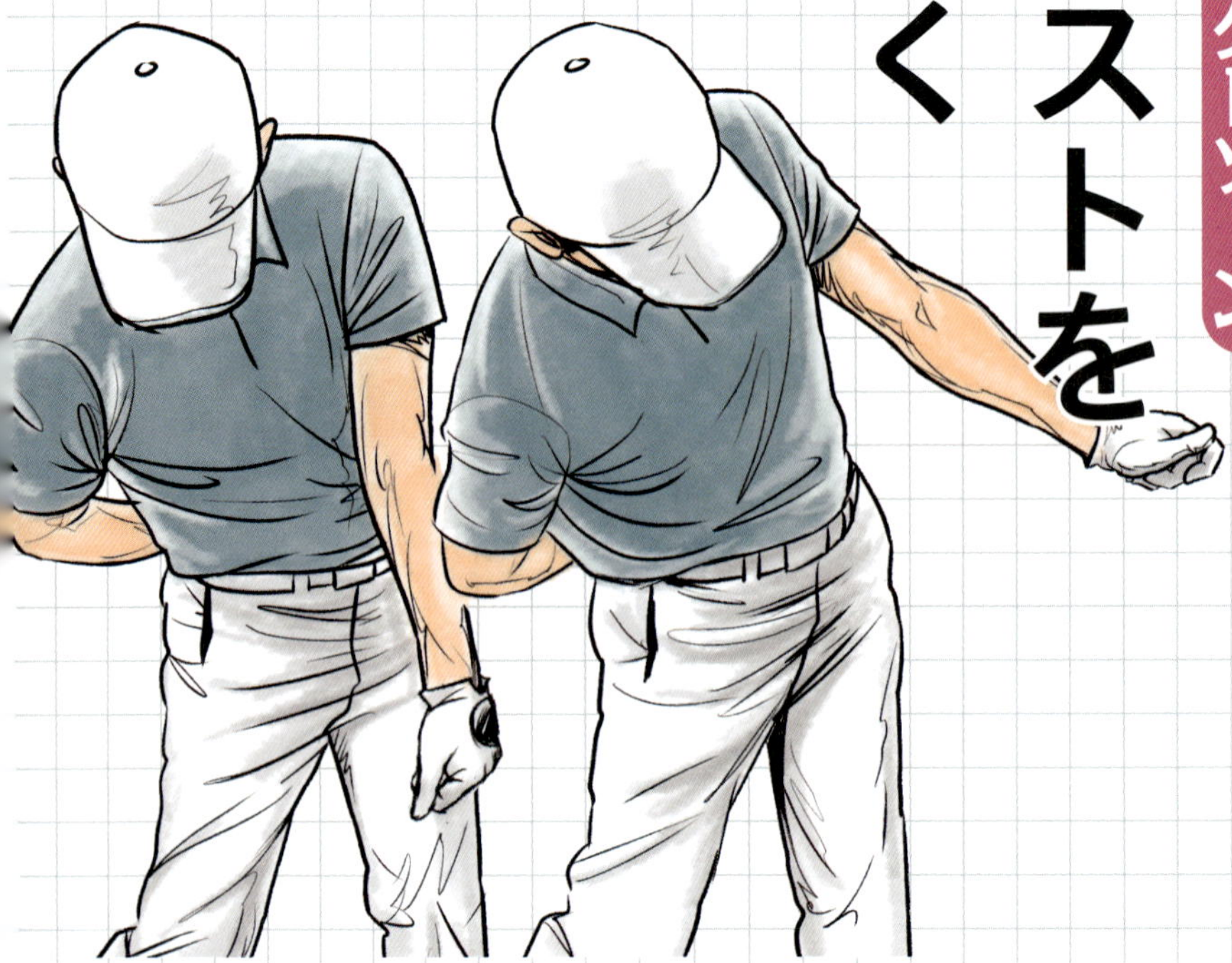

比べるとやや体が開くのを早め、ハンドファーストの強い状態でインパクトを迎えることでスクエアに戻します。

インパクト直前には左手の甲が正面を向くようなポジションに入り、そのまま小指側を先行させるようにしながらハンドファーストでインパクトし、少しそのままスライドするように動きます。

そしてインパクト後は、左手首を甲側に折るように使ってヘッドが急激にターンしないようにしながら振り抜いていくのがストロンググリップの特徴です。

なお、スクエアグリップは両者の中間。握りがどちら寄りかで、動きもそちらに近づきます。

ストロンググリップの左手の動き

ウイークグリップよりも少し体を早めに開く感じで積極的に体を回していく

左手の甲が正面を向くような状態で、小指側からボールにぶつけるように下ろしてくる

左手甲が正面を向いたまま、ハンドファーストでインパクト。体はやや開き気味でOK

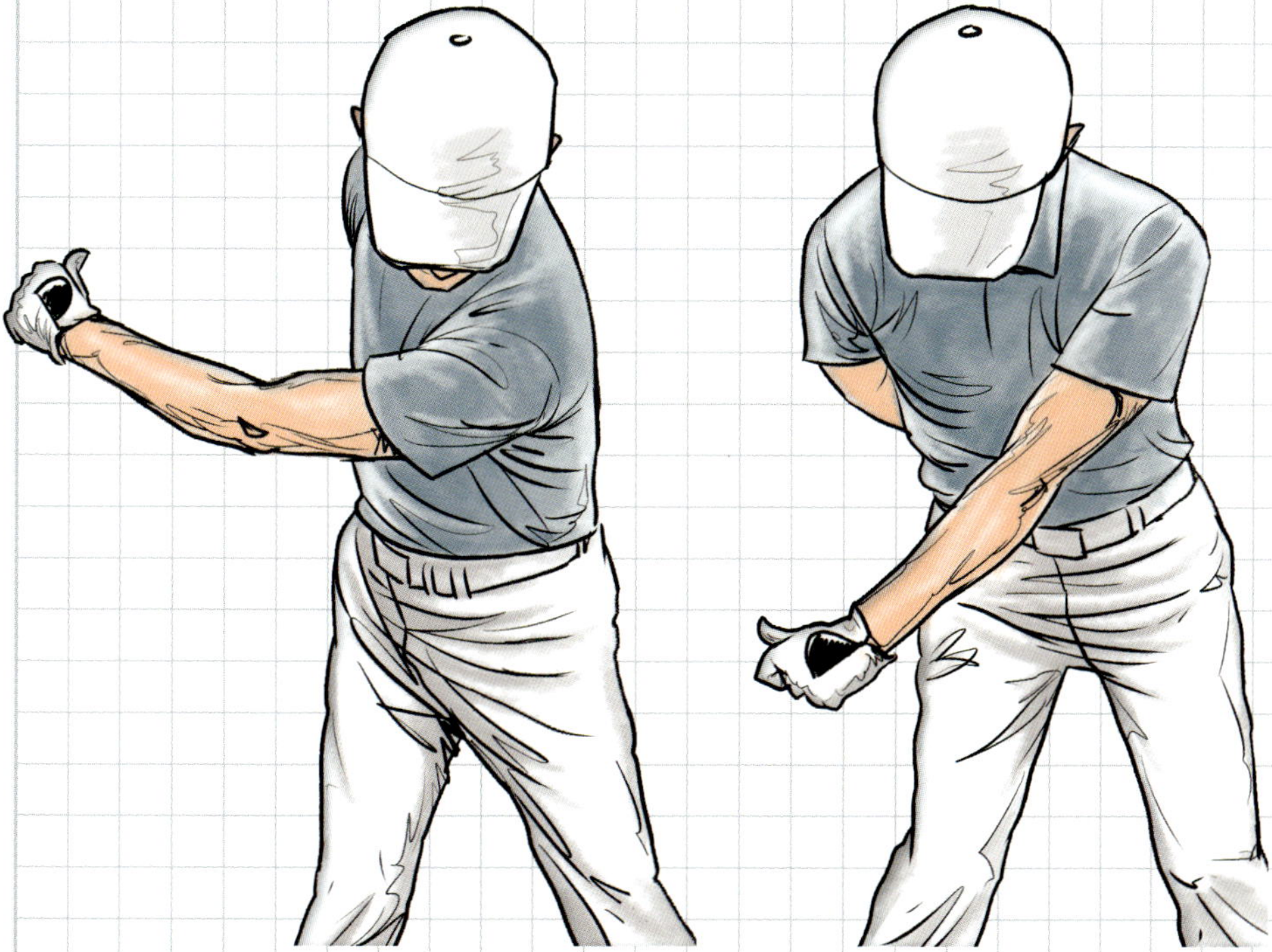

スクエアにシャローにとらえる

ヘッドの重心でボールの重心を真後ろから打ち抜く

お寺の鐘のように衝突させたい

インパクトをクラブとボールの衝突という面で見ると、スイングのエネルギーがいかに効率よくボールに伝わるようにぶつけるかが重要になります。そのためには、ボールをクラブヘッドの芯でとらえることが絶対条件です。

「ボールをクラブヘッドの芯でとらえる」とはどういうことかというと、「ヘッドの重心でボールの重心を真後ろから打ち抜く」ということです。

ゴルフスイングにおいてヘッドは円運動をしますが、その弧はある程度大きな半径を持っているので、インパクト前後を切り取って考えれば、ヘッドはほぼ直線的に動いていると言えます。そのゾーンで、ボールを飛ばしたい方向とクラブヘッドのベクトルを極力揃え、スクエアフェースでインパクトすること。

ゴルフの場合、ある程度ボールを上方向に打ち出さなければならないのですが、クラブにはそのためにロフトがついているので、基本的にはスイングでの調節は不要。ですので、お寺の鐘つきのようにヘッドを真後ろから、スイング軌道で言えば、ゆるやかなイン・トゥ・インで、入射角もゆるやかにボールにぶつけるのがもっとも効率がいいインパクトなのです。

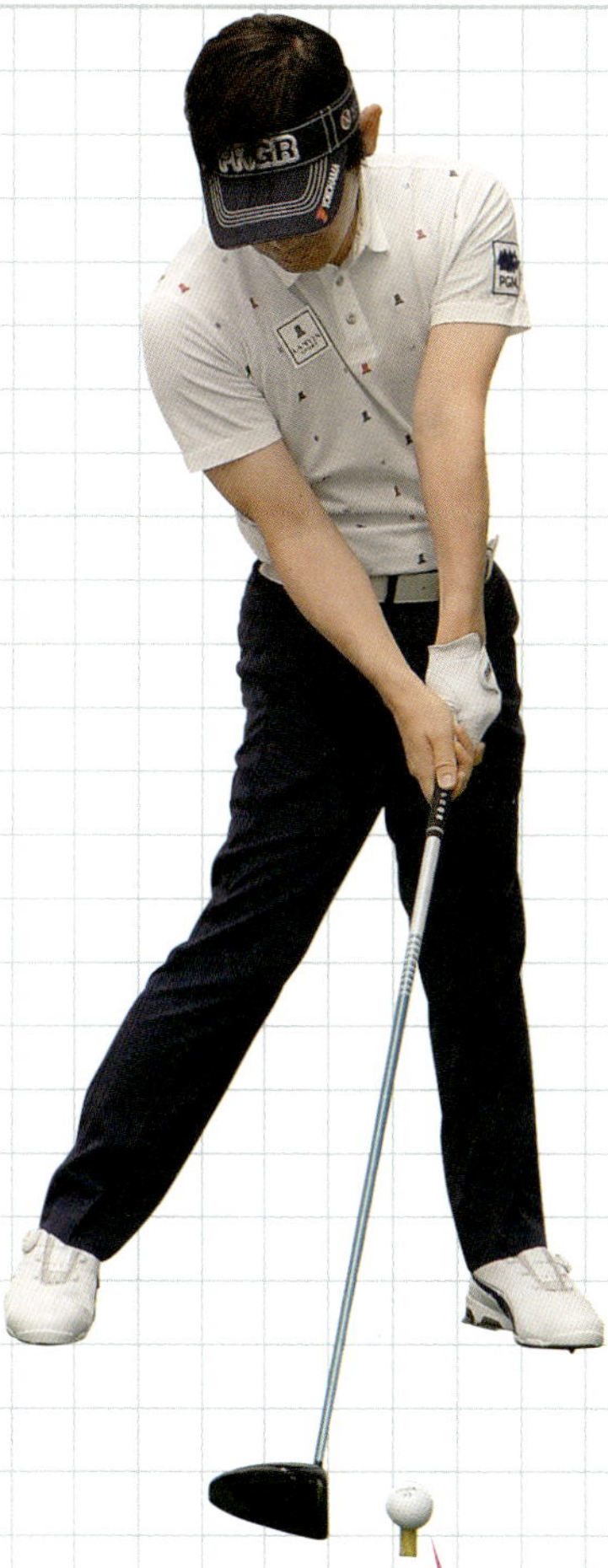

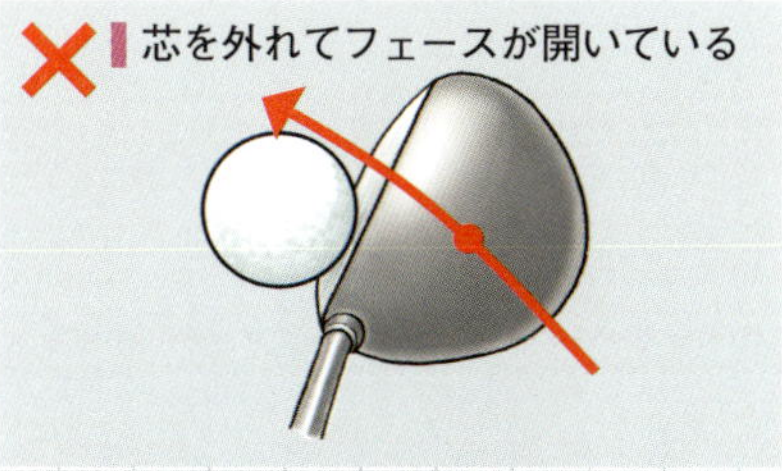
×
芯を外れてフェースが開いている

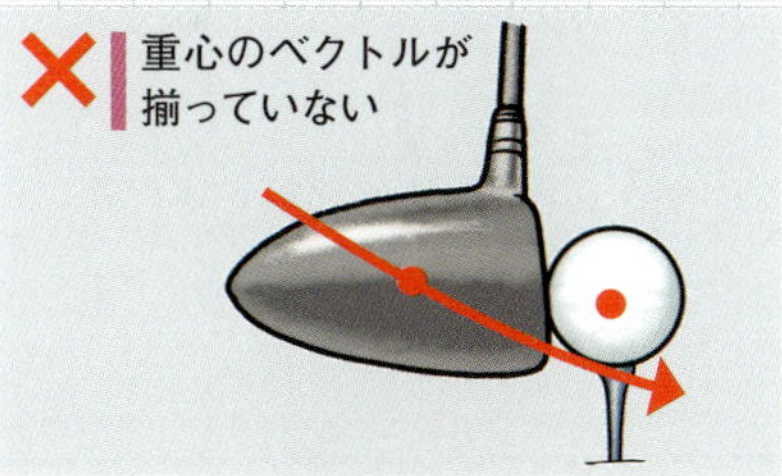
×
重心のベクトルが
揃っていない

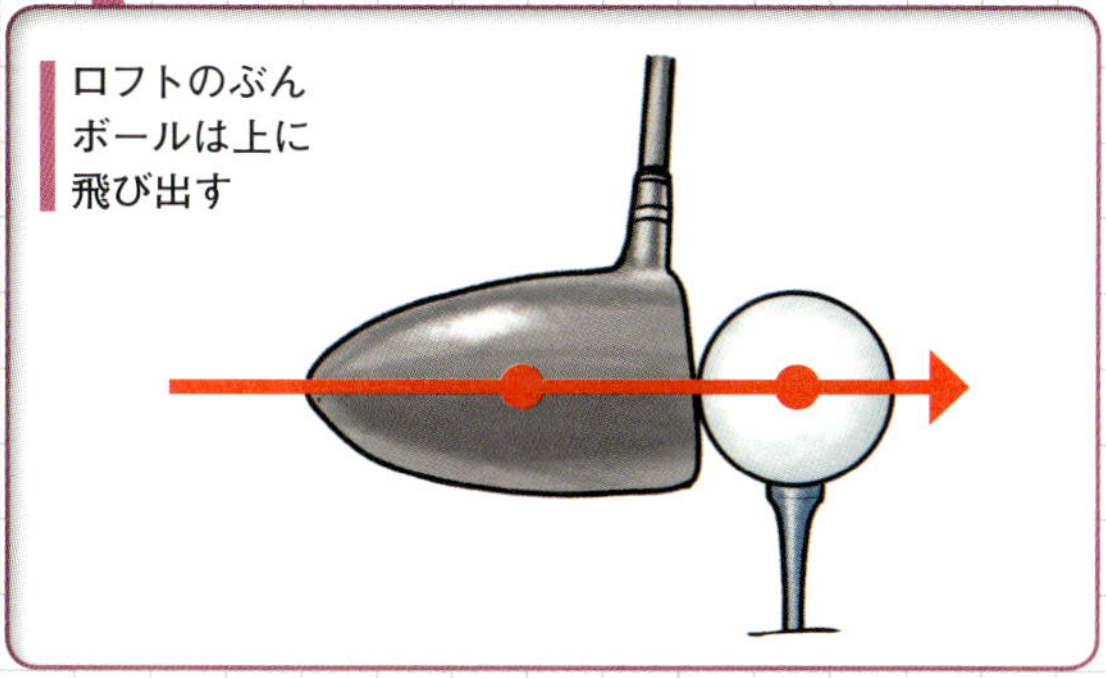
ロフトのぶん
ボールは上に
飛び出す

ヘッドの重心でボールの重心を打ち抜く

インパクトの衝撃でヘッドがブレず、エネルギー効率がいいため曲がらず飛ぶインパクト。ドライバーは少しアッパーでもOK

いいインパクトはいいアドレスから

再現性の高いインパクトにはわきの締まりが不可欠

いつも同じインパクトでボールをとらえたい

インパクトでは、きれいな形で球をとらえることも大事ですが、そのインパクトをいつも同じ形で同じように迎えられることも、それと同じかそれ以上に大事です。

インパクトの再現性が高く、いつもボールを芯でとらえられている選手が、「ベストボールストライカー」と呼ばれ、これはツアープレーヤーたちにとって最高の褒め言葉と言えます。

トッププロのレベルでのインパクトの再現性となると、超高速のスイングのなかでも軸や前傾を維持できる筋力や体幹の力といったフィジカルの能力や、持って生まれたスイングプレーンの質といった部分が大きな要因を占めますが、一般的なアマチュアのレベルで考えるなら、いかに両わきのテンションを保った状態でインパクトゾーンを振り抜けるかということになるのではないでしょうか。

そのためには、アドレスで正しいポジションを作ってスイングを開始すること、さらにはそのポジションを自然に作れてスイング中に力まなくてもわきを締められる、自分に合ったグリップでクラブを握ることが非常に大事です。

いいインパクトを作りたければ、いいダウンスイングが必要で、いいダウンスイングをするためには、いい切り返し、いいトップが不可欠です。さらにはいいトップを作るためにはいいバックスイングでなくてはならず、バックスイングを正しく上げるためには、アドレス、グリップがいい状態でなければならない。最終的には、すべてそこに戻ってくるのですから、グリップやアドレスは、決して疎かにしてはいけません。

スタートが悪ければ
ゴールにはたどり着けない

弾道解析機の普及が常識を変えた

インパクトを物理現象としてとらえる

より具体的に最適弾道を目指す

近年、弾道解析機やハイスピードカメラなどが普及し、インパクトで何が起こっているかの分析が進んだことで、従来、経験則的に説明されてきた部分の認識が改められるなど、革新が進んでいます。

デンマークの企業が開発した「トラックマン」やプロギアの「レッドアイ」などは、指導・コーチングにおいてもクラブフィッティングでも、非常に重要な役割を占めるようになってきました。

スイングを改善するためには、古くは経験に基づくイメージなどの「感性」に頼らざるを得ません

でしたが、1980年代ごろからビデオカメラなどが普及したことで、スイングを「映像」でとらえられるようになり、スイングプレーンなどの研究が進みました。

そして弾道解析機が普及した現代では、弾道のデータとインパクト前後でのクラブの挙動などをすべて「数値」として把握し、それをもとにスイングを修正するとい

う手法が主流になりつつあります。

たとえば、ヘッドスピードが同じ40m／s程度のゴルファーでも、250ヤード近い飛距離を出せる人もいれば、キャリーで150ヤードそこそこという人もいます。後者の問題点を分析する際に弾道解析機を使うことによって、「バックスピン量が適正よりも2000回転も多くて球が吹き上がっている」とか、「5度右に打ち出してさらにスライスしており、球がつかまっておらず効率が悪い」などとその差を具体的な「数値」の差として認識することができるのです。

さらにはその原因を「入射角が適正値よりも4度ダウンブローだ」とか「クラブパスが6度アウトサイドインでフェースが10度も開いている」などと特定し、その数値を修正することでスイングのレベルアップを図るというわけです。

もちろん、ゴルフのレベルを上げ、ショットの平均値を上げていくためには、きれいで効率のいいスイングを目指すことは絶対的に必要です。一方で、こういったデータや、ボールが曲がる仕組みなどを正しく知ることも、レベルアップには不可欠な要因と言えます。

ドップラーレーダーを利用した弾道解析機「トラックマン」

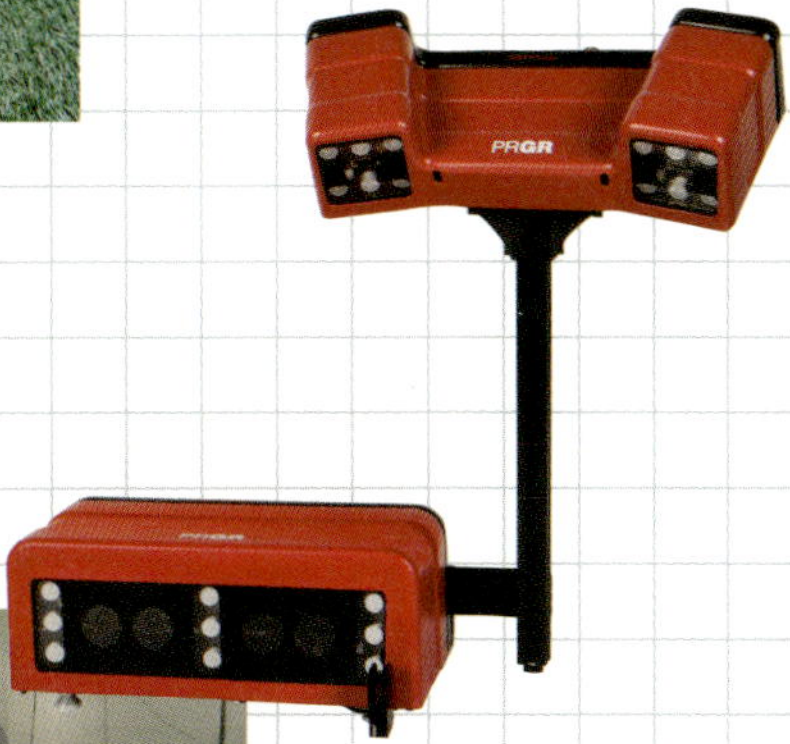

高速カメラを用いて弾道やヘッド挙動を解析するプロギアの「RED EYES ROBO」

インパクトからスイングを見る視点も必要だ

ボールにサイドスピンはかからない

球が左右に曲がるのは回転軸の傾きが原因

飛行機の旋回をイメージしてみよう

弾道解析機から得られるデータは多種多様ですが、そのなかから1つ、ボールの曲がりについての誤解を解く要素を説明したいと思います。

飛行機が方向を変えるときのイメージ

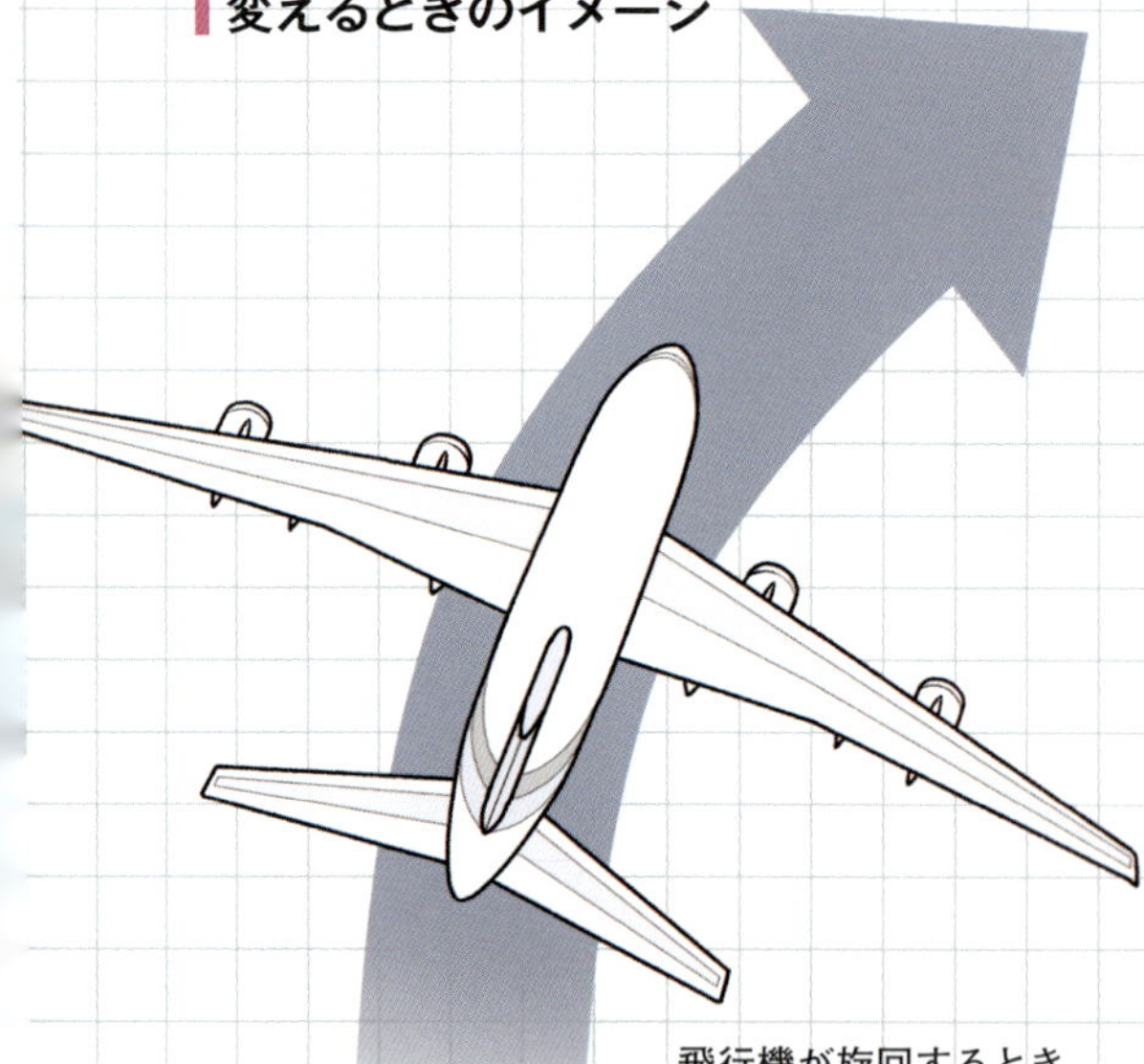

飛行機が旋回するときは、曲がりたい方向に機体を傾ける。これによって、主翼に生じる揚力の発生方向が傾き、飛行機は曲がっていく。この主翼の向きがバックスピン軸だと考えるとわかりやすい

なぜボールが曲がるかを考える際に、まず理解してほしいのは、ボールが曲がるのはバックスピン軸の傾きのせいだということです。このスピン軸の傾きの角度を、トラックマンデータでは「スピンアクシス」で表わします。

球の曲がりは「サイドスピン」で表現がされることもあり、測定機によってはそのような数値が示されることもありますが、そもそも強いバックスピンがかかっているボールにもう1つ横方向の回転軸が発生することはあり得ません。サイドスピンという表現は、バックスピンの軸が傾いた結果として、1分間に横方向に何回転ぶんズレたかを表わしているにすぎないので注意が必要です。

バックスピンの回転軸が傾くと、バックスピンによってボールに発生する揚力の向きも傾きます。その結果、ボールは斜め上方向に曲がりながら上昇していくのです。

これは、飛行機が左右に旋回する様子を思い浮かべるとわかりやすいかもしれません。主翼の傾きがスピンアクシスです。機体を右にバンクさせれば飛行機は右に旋回していく。これがスライスで、反対に機体を左にバンクさせたときの動きがフックというわけです。

このことが理解できれば、ボールを左右に曲げる場合のインパクトのイメージもしやすいのではないでしょうか。

スピンアクシスと曲がり

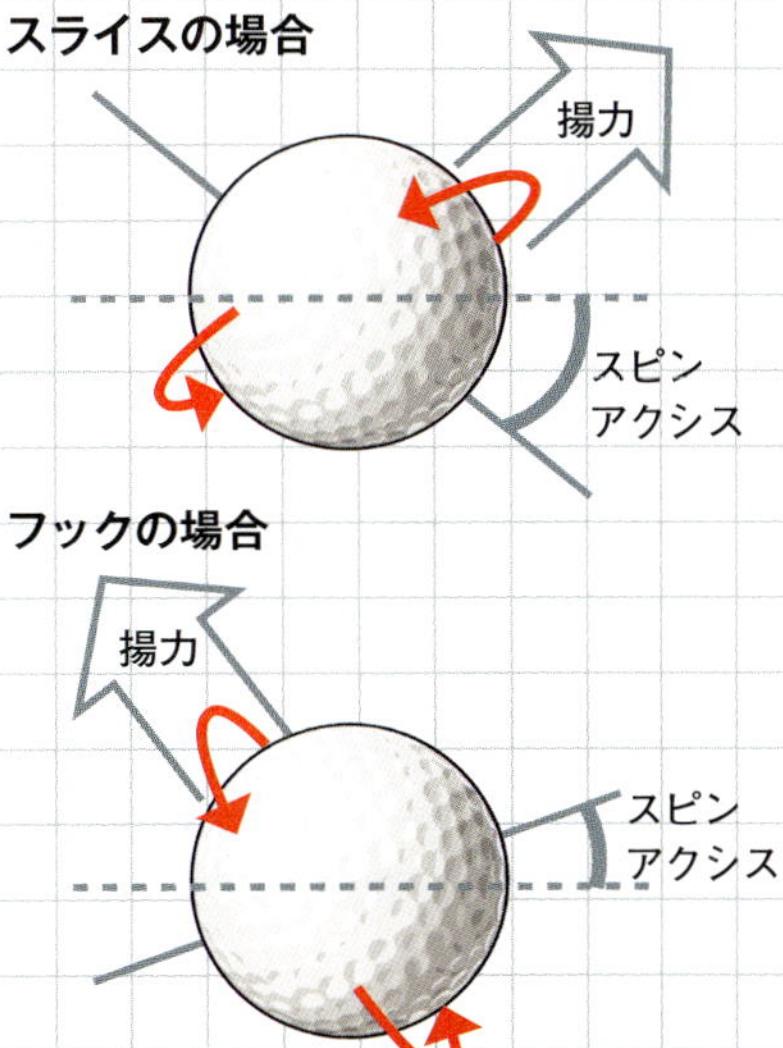

バックスピンの揚力が斜め方向に働くから曲がる

ボールはバックスピンによって揚力が発生し飛んでいくが、その揚力はバックスピン軸に対してほぼ直角方向に働く。そのためスピン軸が傾けば揚力のかかる方向も斜めになり、そちらに引っ張られるようにボールは曲がっていく

COLUMN

トラックマンデータの読み方

トラックマンは、実際に飛んでいくボールを、ドップラーレーダーを使って実測することで、さまざまなデータを計測、算出できる。近年は同種の測定器も増えてきており、トラックマンに限らず、データを読み解く力は不可欠のものとなっている。下表ではそのデータの一部を紹介する。

クラブスピード	インパクト時のクラブのスピード。速ければ速いほどボールスピードを上げやすく、ドライバーの飛ばしの面でもアイアンのスピンを増やして球を止める点でも有利。
ボールスピード	インパクト直後のボール初速。クラブスピードが速いほど速くなりやすいが、ボールを芯でとらえることができなければクラブスピードが速くても初速は上がらない。
スマッシュファクター	ボールスピードをクラブスピードで割った値。いわゆるミート率を指し、この数値が高いほどインパクトの効率が高いことを示す。ドライバーで1.50程度が最高。
入射角	ヘッドの上下方向の入射角。マイナスはダウンブロー、プラスはアッパーブローであることを示し、ボールの打ち出し角やバックスピン量を左右する要因の1つ。
クラブパス	インパクト時のクラブヘッドの左右方向の軌道。プラスは右方向(インサイドアウト)、マイナスは左方向（アウトサイドイン）に向いていることを示す。
ダイナミックロフト	インパクト時の動的なロフト角。実際のクラブのロフト角とシャフトのしなり量や向きなどによって決まり、ボールの上下の打ち出し角度を決定する要因。
フェースアングル	インパクト時にフェースが左右どちらを向いているかを示すデータで、ボールの左右打ち出し方向を決定し、クラブパスとの関係でボールの曲がりにも影響を与える。
スピン量	インパクト直後のボールのバックスピン量を表わす。1分間の回転数で表わされ、ボールの飛距離や高さなどの弾道特性を決定する重要な要因の1つ。
スピンアクシス	スピン軸の傾きの角度を示すデータ。右に傾くとプラスの数値になりスライス方向、左に傾くとマイナスの数値になりフック方向に球が曲がることを意味する。
キャリー	ボールが空中を飛んで地面に落ちるまでの距離。屋外で計測した場合はボールを実際に追跡した実測値、室内等の場合は弾道データから算出した理論値で示される。
トータル	キャリーの距離にランの距離をプラスした最終的なボール停止地点の距離。ランの距離は、ボールの落下角度やバックスピン量などから算出される。

※協力／トラックマンジャパン

第9章

クラブの動き

クラブの動きを判断する基準

スイングプレーンとはクラブが動く軌跡が描く面

ベン・ホーガンが発明した概念が原型

本書は、スイングにおける体の動きを中心に説明してきましたが、本章ではクラブの動きにフォーカスして見ていこうと思います。

クラブの動きについて説明する

ホーガンプレーン

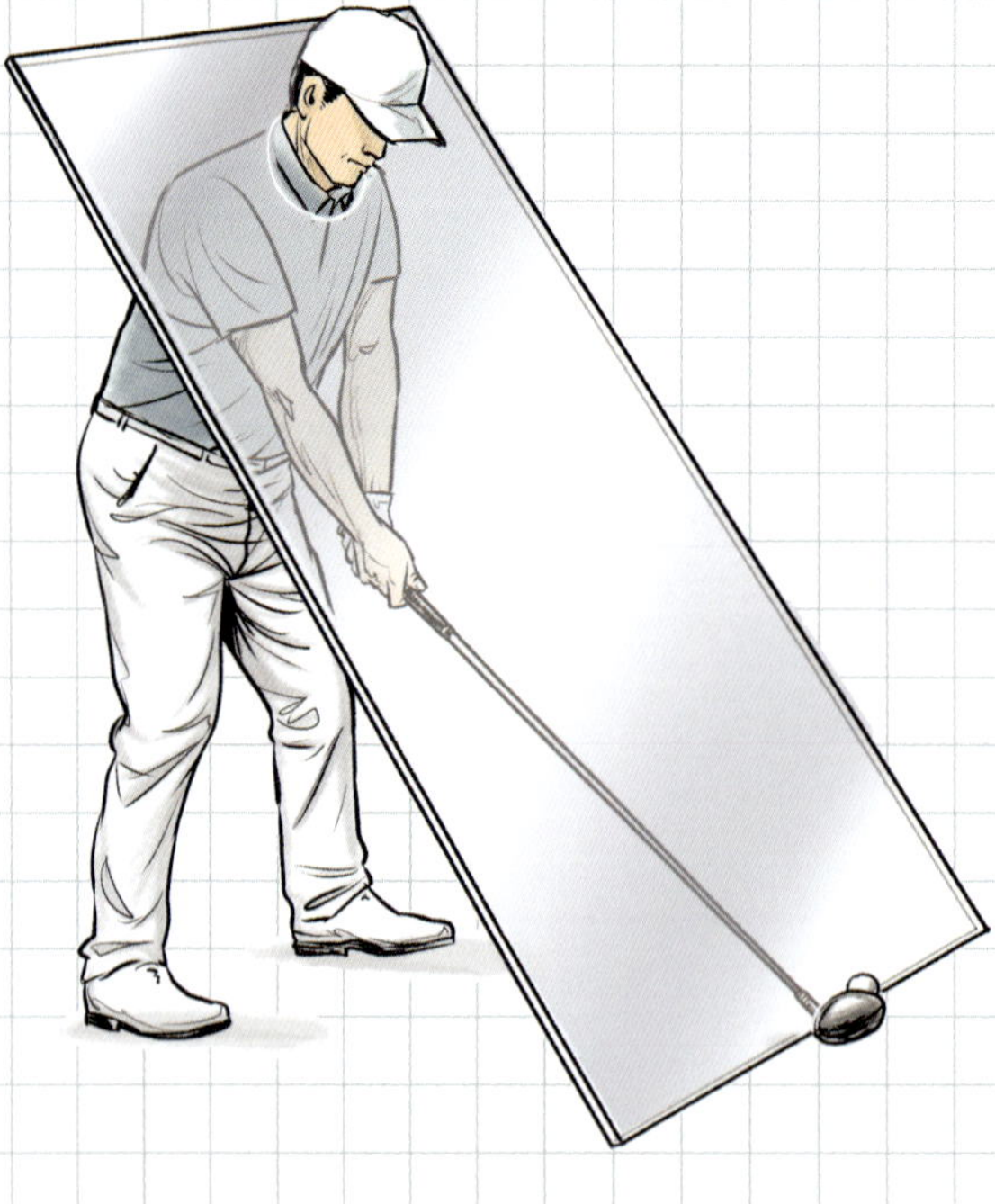

ベン・ホーガンは、飛球線からアドレス時の肩に立てかけたガラスの面を割らないようにスイングすることを求めた

際によく使われる表現が「スイングプレーン」です。

　この「スイングプレーン」という言葉は意外と曖昧な部分があります。基本的には、「クラブの軌道が描く面」を指す言葉ですが、「オンプレーンだ」とか「プレーンから外れている」などという表現をする際には少し意味合いが違ってきます。その意味と使い方を正しく理解していなければ、スイング分析に齟齬が生じますし、指導する側、される側の誤解にもつながります。

　まず、スイングプレーンという概念を初めてゴルフに取り入れたと言われるのは、1940～1950年代に活躍しメジャー9勝を挙げているゴルフ界のレジェンド、ベン・ホーガンです。

　彼は著書『モダン・ゴルフ』のなかで、ボール位置から両肩に乗せたガラスの面を割らないようにスイングすることを求めました。この面がホーガンの言う「スイングプレーン」で、「ショルダープレーン」や「ホーガンプレーン」などと呼ばれることもあります。

　しかしこの概念は、クラブが通る軌跡を示しているものではなく、あくまでスイングの許容範囲を示すもので、現在一般的に認識されているスイングプレーンとは少し違っています。

手やクラブがガラス面の上側に出る

シャフトプレーンとホーガンプレーン

2枚のプレーンがスイングの基準になる

「三角形」のゾーンからヘッドがはみ出さない

ベン・ホーガンのスイングプレーンという概念を発端に、その後、スイングの研究が進むにつれ、「ガラスの面よりも下で振る」だけでは不十分な要因が増えてきました。

その結果、現在主流となっているのが、肩とボールを結んだホーガンプレーンよりも下にもう1枚の面を想定し、その2枚の面の間でスイングするべきであるという考え方です。

この下側の面は、スイングを後方から見たときに、アドレス時のクラブのシャフトを、グリップエンド方向に延長した線で、「シャフトプレーン」と呼びます。

これらの2つのプレーンは、スイングの連続写真や動画を分析することを前提としたものなので、あくまで二次元的にとらえます。

そして、ダウンスイングを後方から見たときに、この2本の線で作られる「三角形」のゾーンからクラブヘッドが出ないようにスイングすることを求めます。

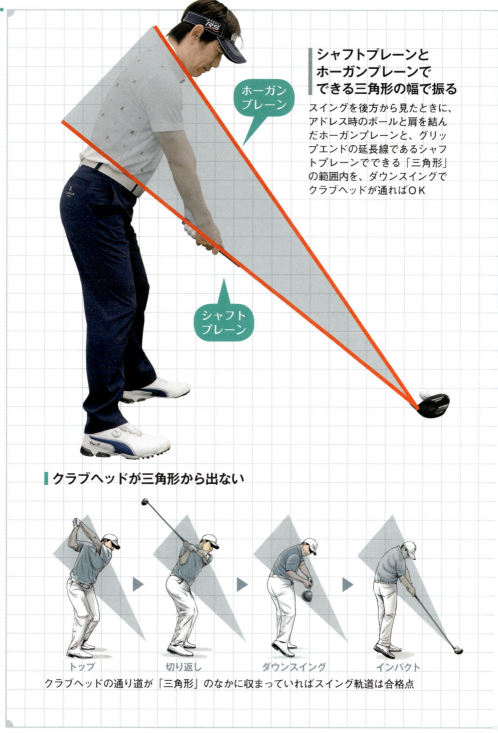

シャフトプレーンとホーガンプレーンでできる三角形の幅で振る

スイングを後方から見たときに、アドレス時のボールと肩を結んだホーガンプレーンと、グリップエンドの延長線であるシャフトプレーンでできる「三角形」の範囲内を、ダウンスイングでクラブヘッドが通ればOK

クラブヘッドが三角形から出ない

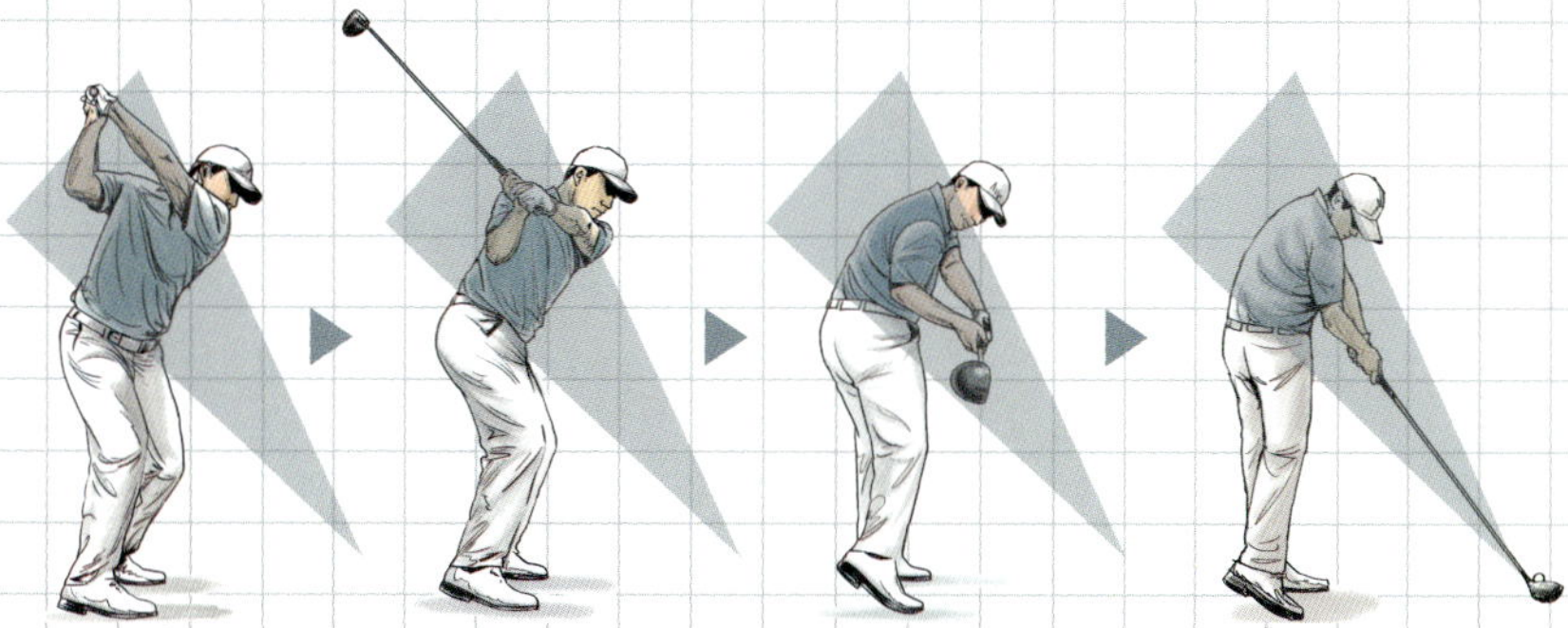

クラブヘッドの通り道が「三角形」のなかに収まっていればスイング軌道は合格点

重要なのは腰から下、ハーフウェイダウンの軌道

切り返しの〝間〟の取り方が異なる

スイングプレーンの理想は、理論上、という範囲であえて言うならば、オンプレーンに上げた軌道をなぞるようにオンプレーンで下してくる、完全なイン・トゥ・イ

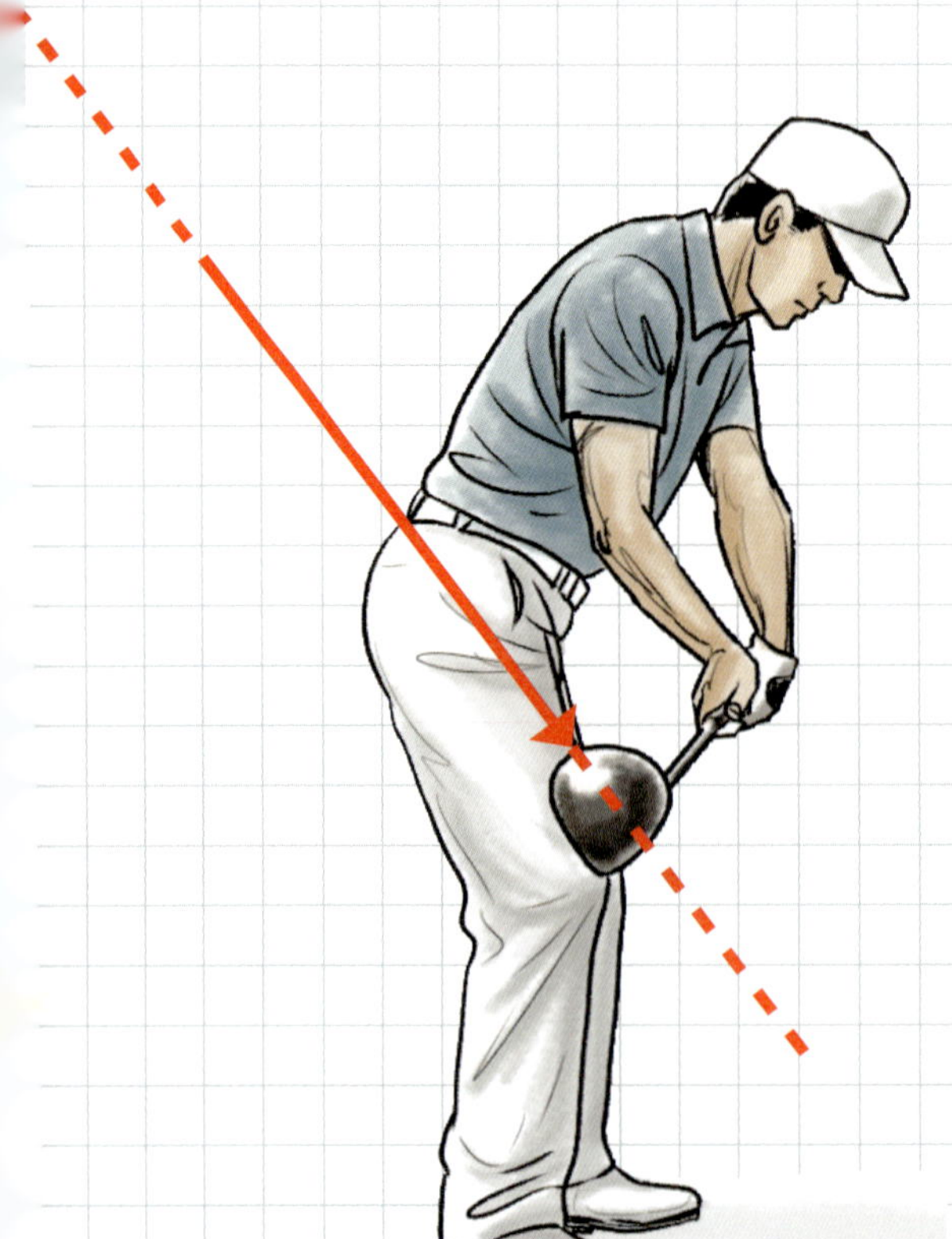

ン軌道です。

　しかし実際は、必ずしもこのように完璧な軌道で振る必要はありません。インパクトにもっとも影響を与えるのは、クラブが腰より下、ハーフウェイダウン以降のゾーンですので、その切り返し以降の「帰り」の軌道でクラブがオンプレーンに動いてさえいればいいのです。事実、トッププレーヤーのなかにも、バックスイングの軌道が三角形のゾーンから大きく外れているのに、切り返しの瞬間にヘッドをループさせて軌道を変え、ハーフウェイダウン以降できれいにプレーンに乗せてくる選手は少なくありません。

　バックスイングもダウンスイン

1プレーンスイング

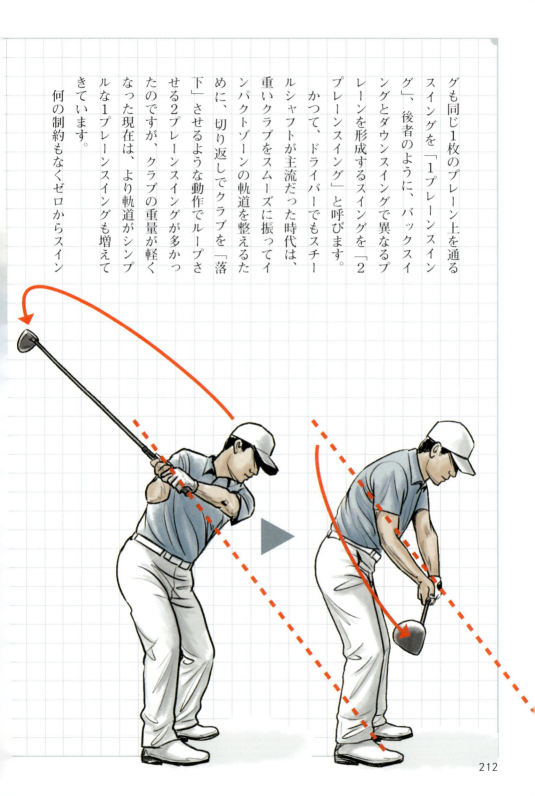

グも同じ1枚のプレーン上を通るスイングを「1プレーンスイング」、後者のように、バックスイングとダウンスイングで異なるプレーンを形成するスイングを「2プレーンスイング」と呼びます。

かつて、ドライバーでもスチールシャフトが主流だった時代は、重いクラブをスムーズに振ってインパクトゾーンの軌道を整えるために、切り返しでクラブを「落下」させるような動作でループさせる2プレーンスイングが多かったのですが、クラブの重量が軽くなった現在は、より軌道がシンプルな1プレーンスイングも増えてきています。

何の制約もなくゼロからスイン

グを作るのであれば1プレーンスイングのほうがシンプルではありますが、実際には自分にとってよりスムーズにスイングできることのほうが重要です。

とくに、2つのスイングタイプでは切り返しのタイミングの取り方が大きく異なります。トップでクラブの重さを感じながらでないと切り返しの〝間〟が作りにくいタイプの人や、重めのクラブが好きな人は、切り返しで軌道を少しループさせて2プレーンスイング的に振るほうが合う可能性があります。反対に軽めのクラブをシャープに振りたい人にとっては、1プレーンスイングが合いやすいでしょう。

2プレーンスイング

正面から見たヘッド軌道

バックスイングよりも ダウンスイングの弧は小さい

タメがあるぶん ヘッドが内側を通る

正面から見たときのスイング軌道は、後方から見た軌道と比べれば、クラブの動きの大事な部分は見えにくく、弾道との直接的関係も薄いため、後方から見た映像と比べると重要度は下がります。

連続写真やスイング動画などは正面のカットが重視されがちですが、クラブの動きからスイングを判断していくうえでは、実は後方からのアングルのほうが重要です。

実際、クラブをどう動かしてボールをとらえるかということを出発点としてスイングを見るならば、後方から見える部分を整えていけば正面から見た軌道も自然といい形へと向かっていくものです。

しかし、正面から見たクラブの動きにも、守られていなければならない絶対的なポイントがいくつかあります。

1つは、バックスイングとダウンスイングの軌道の差です。切り返しでは下半身が先行しつつ、手首のやわらかな動きでタメを作ります。そのためダウンスイングではバックスイングよりも手首の角度が深くなり、クラブヘッドはバックスイングよりも内側の軌道を通って下りてきます。

この軌道差がない人は、手首の使い方が悪く、アーリーリリースになっているということです。

また、ヘッドを加速させながらインパクトを迎えることから、フォロースルー側のアーク（クラブヘッドの軌道）が遠心力で広がり、バックスイング側のアークよりも大きくなります。フォロー側のアークが小さい人は、力みや動きの悪さからくる「詰まり」などでヘッドを加速させられていないということになります。

正面から見たヘッドの軌跡

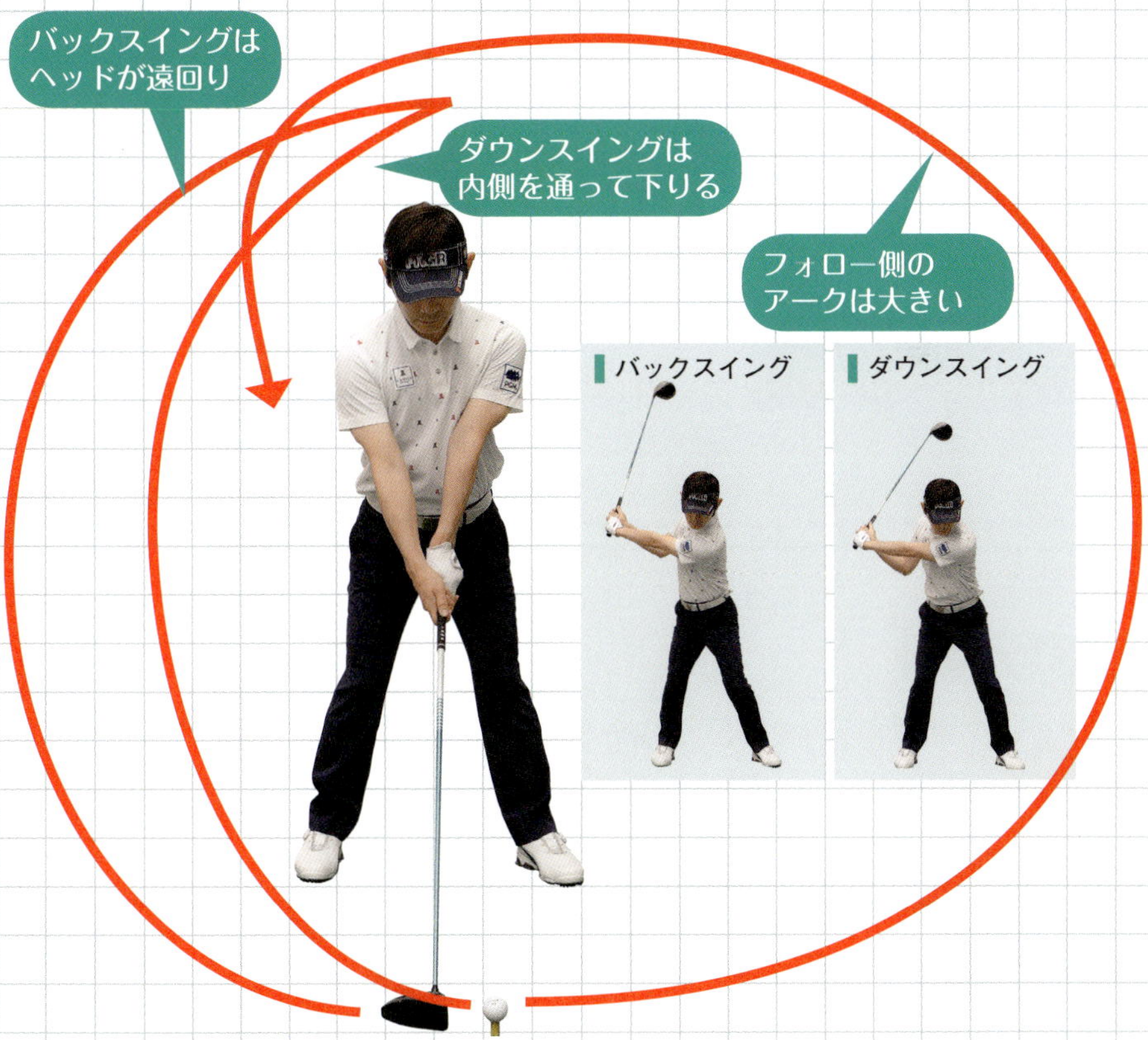
バックスイングは
ヘッドが遠回り
ダウンスイングは
内側を通って下りる
フォロー側の
アークは大きい
バックスイング
ダウンスイング

最下点より手前で打つのがダウンブロー1

基本的な入射角は軌道の最下点とボール位置で決まる

スイング軌道も入射角を変える

正面から見たクラブの動きで気をつけなければならないのが、スイング軌道の最下点と入射角です。

実際はこれらは、スイングの写真や動画を見てもほぼ判断がつかないので、現実的には解析機等でインパクトを数値化する必要があります。しかし数値はともかく、クラブがどのような状態でインパクトを迎えるべきかについて、正しい認識を持つことは重要です。

まずダウンブローかアッパーかということについては、基本的にはスイングの最下点とボールとの関係で決まります。スイング軸を

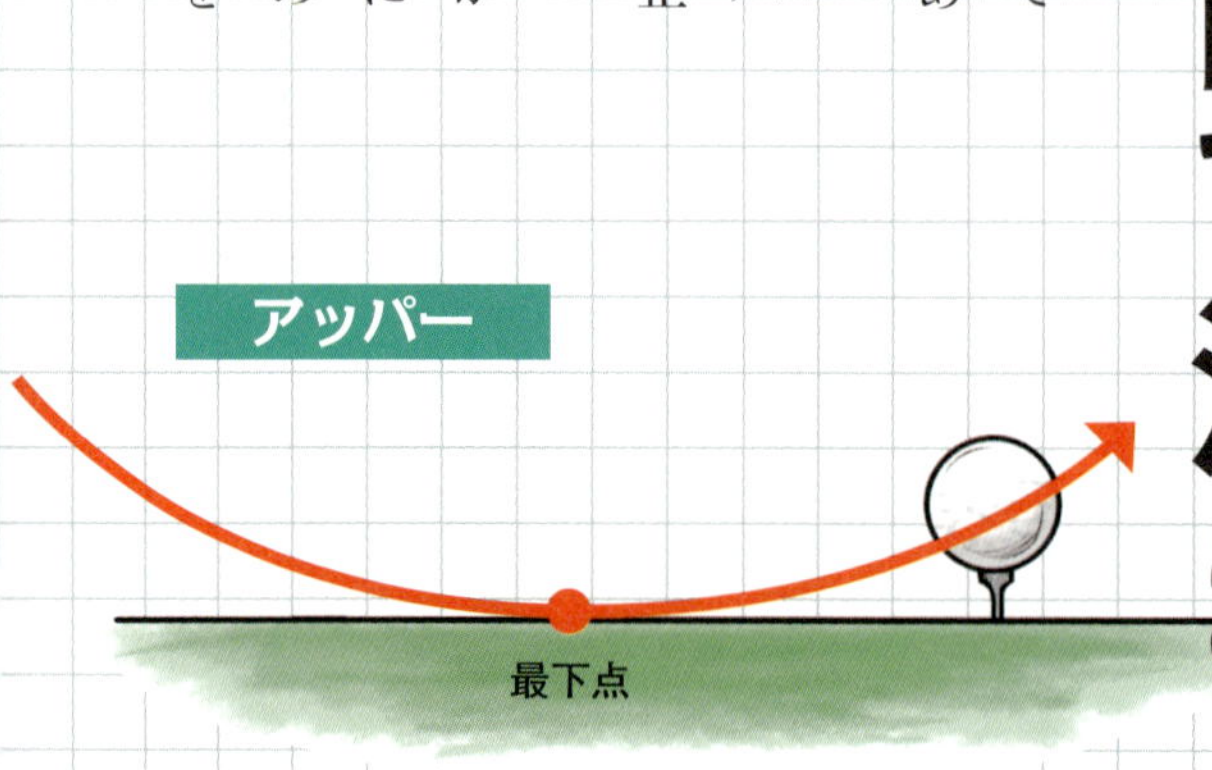

左右に傾けてアッパーにしたりダウンブローにするということは、原則としてしません。ティアップして打てるドライバーに関しては、軸を少し右に傾けてアッパー気味にするケースもありますし、コース内のライや傾斜などの状況によっては何らかのアレンジをする場合もありますが、あくまで応用であって例外です。

入射角は、スイングの最下点より手前の下降軌道の最中でインパクトすればダウンブローになり、最下点より先の上昇軌道でインパクトすればアッパーになります。「ダウンブローに打とう」と上から打ち込んでも、最下点がボールの手前にあったのでは、ダウンブローにはならないのです。

入射角に関しては、できるだけゆるやかに、横からボールをとらえるのがいちばん効率がいいですが、アマチュアの多くは軸をキープできずに傾いてしまうことによって入射角を損なっています。

入射角に影響を与えるもう1つの要因は、クラブパスです。軌道がアウトサイドインになると入射角は鋭角になり、インサイドアウトになるとゆるやかになります。

これはスイング軌道が地面に対して斜めの面を持っているからで、軌道の円弧とターゲットラインの接し方によるものです。お盆などの円盤状のものをスイング軌道に見立ててみるとよくわかります。

最下点の手前ならダウンブロー
先で当たればアッパー

最下点に向かってヘッドが下りてくる過程で当たればダウンブロー。最下点後の上昇過程で当たればアッパー。ドライバーはティアップしているので、例外的にアッパーでもダフらずに打てる

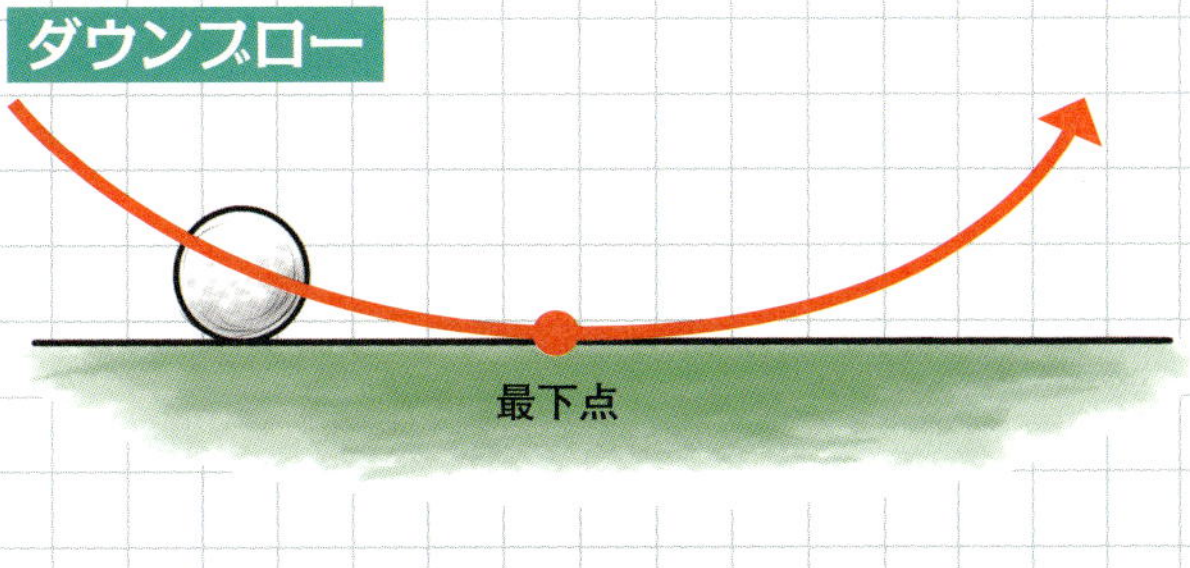

90度開いて180度閉じる

フェースはスイング軌道に対して開閉する

開いたフェースを戻せないとスライス

スイング中のフェースの開閉は、プレーヤーがそれをどう意識していようとも、必ず起こります。

基本的な開閉は、前傾せずにクラブを肩の面で振ってみるとわかりやすいと思います。ひじの屈伸と連動して自然と前腕の回旋と手首の動きが発生し、トップとフィニッシュではフェースはほぼ180度入れ替わります。前傾してスイングしても、これとほぼ同じ動きが行われます。

このフェースの開閉は、目標に対してではなく、スイング軌道に対して行われるのだということがポイントです。フェースのローテーションがなくても、体の回転によって目標に対してはフェースが開閉しているように見えますが、これはただ向きが変わっているだけ（左上図）。実際は、スイングの軌道に対して開いて閉じる動作が行われます（左下図）。

このフェースの開閉量が、人によって感じ方が違うため、さまざまな誤解が生じます。

　実際はアドレスからバックスイングで約90度開き、それがインパクトまでに元に戻ってフォローではまた約90度閉じていくので、ダウンスイングからフォローまでには一気に180度もローテーションしていることになり、開いたぶん以上に閉じる感覚が必要になるわけです。

　アマチュアゴルファーの多くは、バックスイングでのオープン量が多くなりがちなうえ、フォローまでにその倍の量閉じることに抵抗があるため、結果的にインパクトまでにスクエアに戻せないケースが多く、スライスの大きな要因になっています。

軌道に対して開閉している

スイング軌道に対して、バックスイングで90度開いてフォローで90度閉じ、合計180度のローテーションが発生している

シャットとオープンの基準

インパクトエリアのフェースの開閉量が違う

トップでのフェースの向きが見分けやすい

スイングを分析する際、「フェースをシャットに使う」とか「オープンになっている」という表現がよくされますが、これは何に対してなのかと言えば、前述の「軌道に対して90度ずつ開閉するローテーション」が基準です。

つまり、トップで軌道よりも90度以上フェースが開いていればオープンフェースで、90度未満ならシャットフェースということ。どちらの場合もインパクトではスクエアフェースに戻ることが前提ですから、オープンなスイングほど開閉量が多く、シャットなスイングほどフェースの開閉量が少ないことを意味します。

しかしこの前提が崩れると、バックスイングではフェースの開く量が多くオープンフェースのトップなのに、閉じる量が不足してインパクトでフェースが開いてプッシュしたり、反対にバックスイングで開く量が少なくシャットフェースなのに対して、閉じる量が多すぎて引っかけるなどの問題が起こります。

ただし、バックスイングでフェースが開きすぎるのは、ダウンスイングで戻し切れないリスクが増えるので、トップでは最大でも90度のスクエアくらいが目安です。

フェースの開閉をヘッドの運動量という側面から見れば、フェースの開閉量が多いほうが、インパクトでそれが閉じながら当たることで生じるエネルギーが大きいので飛ばしに有利、開閉量が少ないほうが、インパクトでの誤差が生じにくく方向性に有利と言われています。

しかしこれは、あくまでヘッドの動きとしての比較でしかありません。実際は、フェースをシャットめに使うことでインパクトでもフェースがかぶり気味になり、球がつかまって飛ぶケースもありますし、シャットめのテークバックは左腕を外旋するように使うぶん、わきが締まって力を出しやすくなる人もいますので、ひとくくりに決めつけないことが重要です。

スクエアフェースのトップ

トップでフェース面が斜め45度を向くくらいがスクエア

シャットフェースのトップ

トップでフェースが空を向くのがシャットフェース

グリップによるローテーションの違い

ストロンググリップはシャットフェースになりやすい

インパクトゾーンの動きと連動する

前章で、グリップによるインパクトゾーンの手元の動きの違いを説明しましたが、これは当然、フェースローテーションの量や動き方にも影響します。

ストロンググリップの場合、そのままスイングするとインパクトでフェースが左を向きます。そのためインパクトでハンドファーストにすることでそれを中和する必要があります。フェースの開閉量を抑えるためにも、シャットフェース気味のトップと相性がいいと言えます。

反対にウイークグリップの場合はインパクトでフェースが開きやすいので、早めに左手をロールしてボールをつかまえに行く必要があります。

フェースの開閉量も多くなるためバックスイングではフェースをスクエアかややオープン気味に使うほうが向いています。

チェックポイントは、ダウンスイングとフォローでシャフトが地面と水平になるポジション。

　ダウンスイングでは、ストロンググリップならクラブのリーディングエッジが上体の前傾角になり、ウイークグリップなら真上を指すくらいが基準。

　フォローでは、ストロンググリップのほうがローテーションが完了するのが遅く、ウイークグリップのほうが早くローテーションが進みます。

ストロンググリップ

ローテーションの量が少なくロールも遅め

ダウンスイングでシャフトが地面と水平になったところでリーディングエッジが上体の前傾と平行が目安。フォローでのロールも遅め

ウイークグリップ

ローテーションの量が多くタイミングも速い

ダウンスイングでシャフトが地面と水平になったところでリーディングエッジが真上を向くのが目安。インパクト後は早めにロールしていく

体がスクエアに当てようと反応する

スイング軌道はフェースの向きに依存

フェースの管理がスイング管理の第一歩

ここまでフェースの向きやフェースローテーションについて説明してきましたが、改めて言っておきたいのは、スイングにおいてフェースの向きは非常に大きな意味

ヘッドの重心にかかるモーメントでフェースの向きが感じられる

を持つのだということです。

　スイング軌道の乱れにはさまざまな要因が複雑に絡み合って相互に影響し合いますが、多くの場合、その出発点がフェースの向きにあります。つまり、スイング軌道は、フェースの向きに依存していると言えます。

　ゴルフクラブは、ヘッドの重心がシャフトの軸線から外れたところにあり、つねに重心が重力の影響を受けて落ちようとするモーメントが働くため、クラブを持っているだけでフェースの向きを感じることができます。

　そのためプレーヤーは、スイング中に無意識にフェースが開いているか、かぶっているかを察知し、

オープンフェースの反動の例

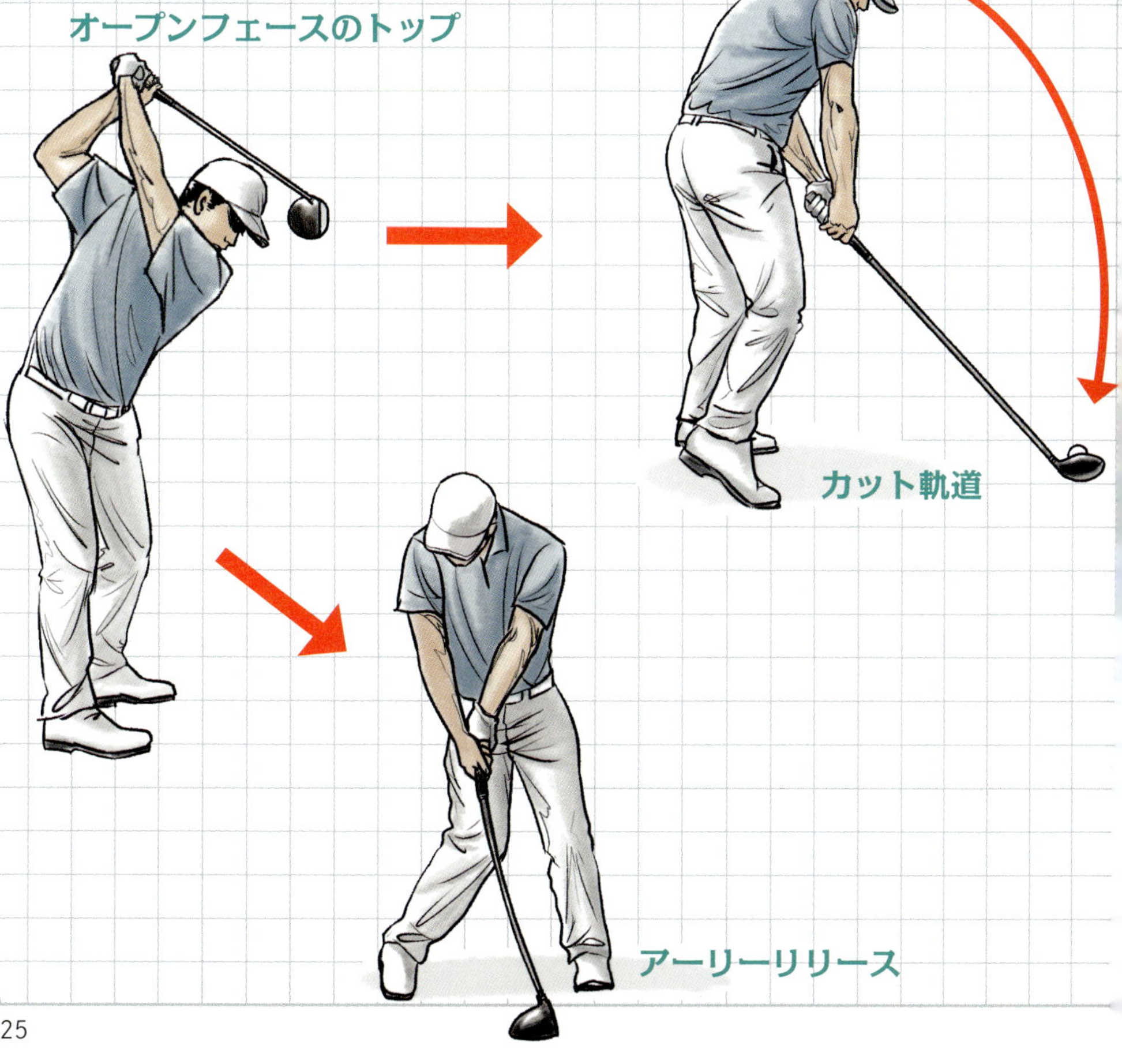

それをスクエアに当てようとする反応をします。フェースが開いていると感じれば、アウトサイドからカットに振り下ろすことで相殺してスクエアに近づけようとしますし、かぶっていると感じれば、クラブを遅らせて調節しようとします。こういった動作が、スイング軌道を乱す非常に大きな要因になっているのです。

一方で、フェースの向きは体全体の動きと比べればコントロールが容易なうえ、前述のようにスイング中に自分で感じることもできます。そういった意味でも、フェース面のコントロールこそが、スイングコントロールのキーポイントと言っても過言ではないのです。

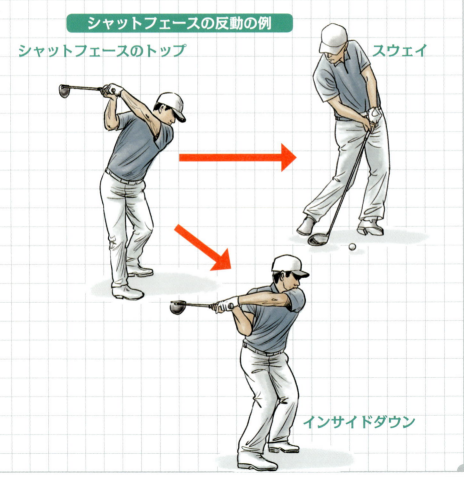

シャットフェースの反動の例

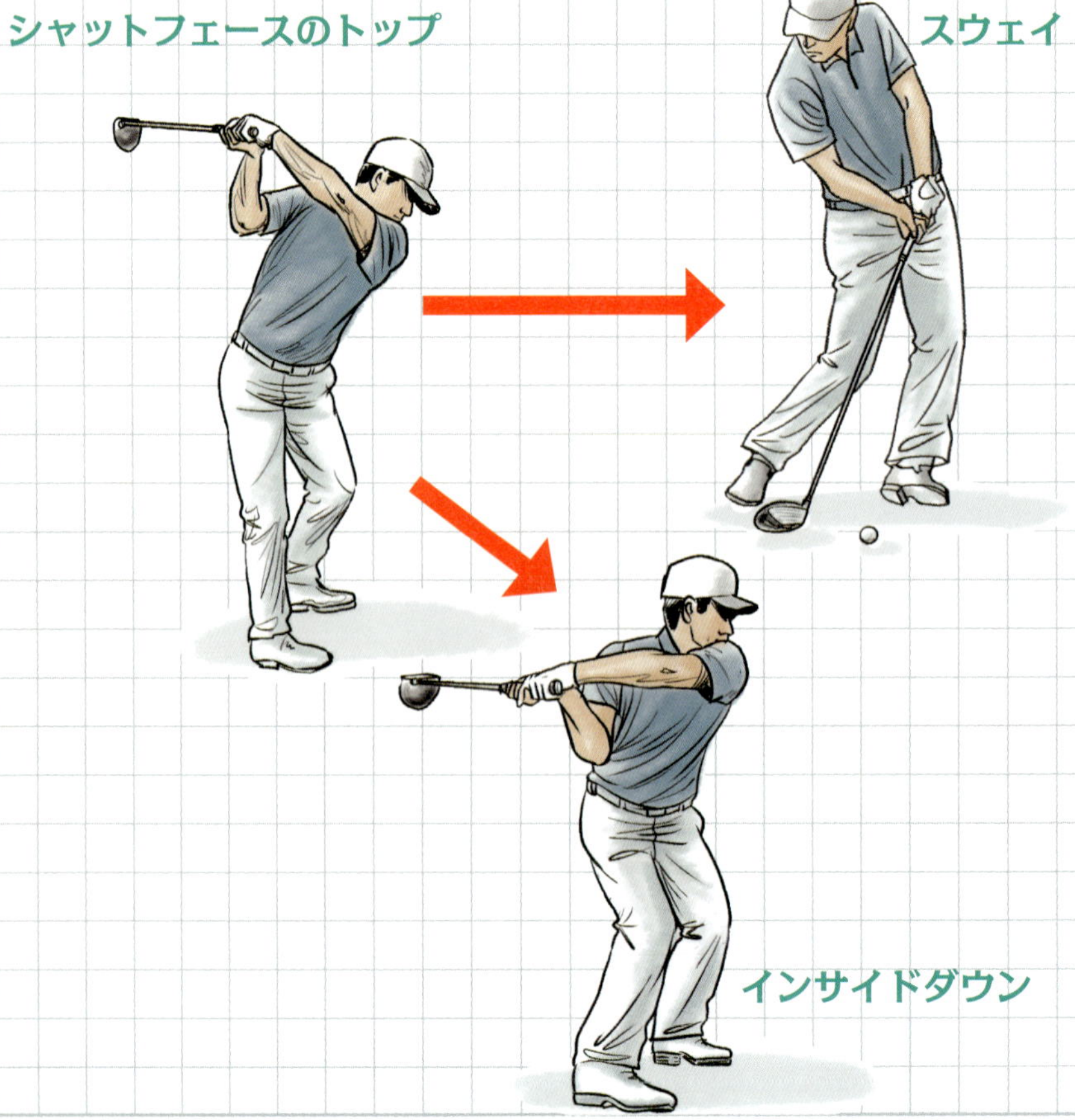

第10章

スイングを流れで見る

1 アドレス

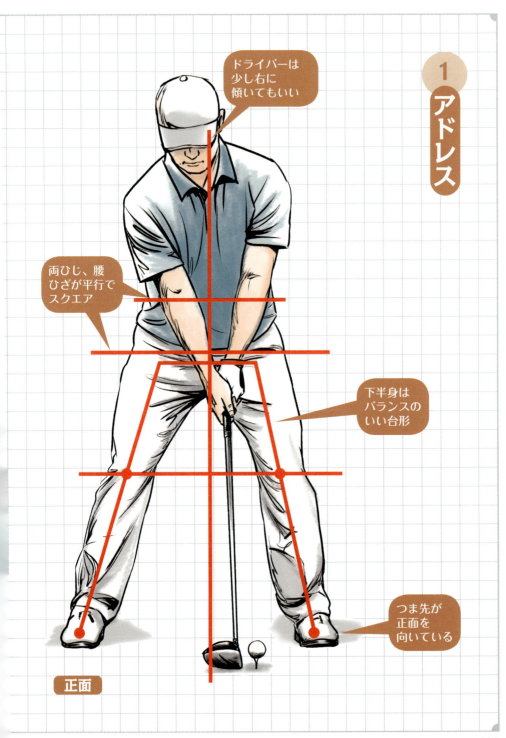

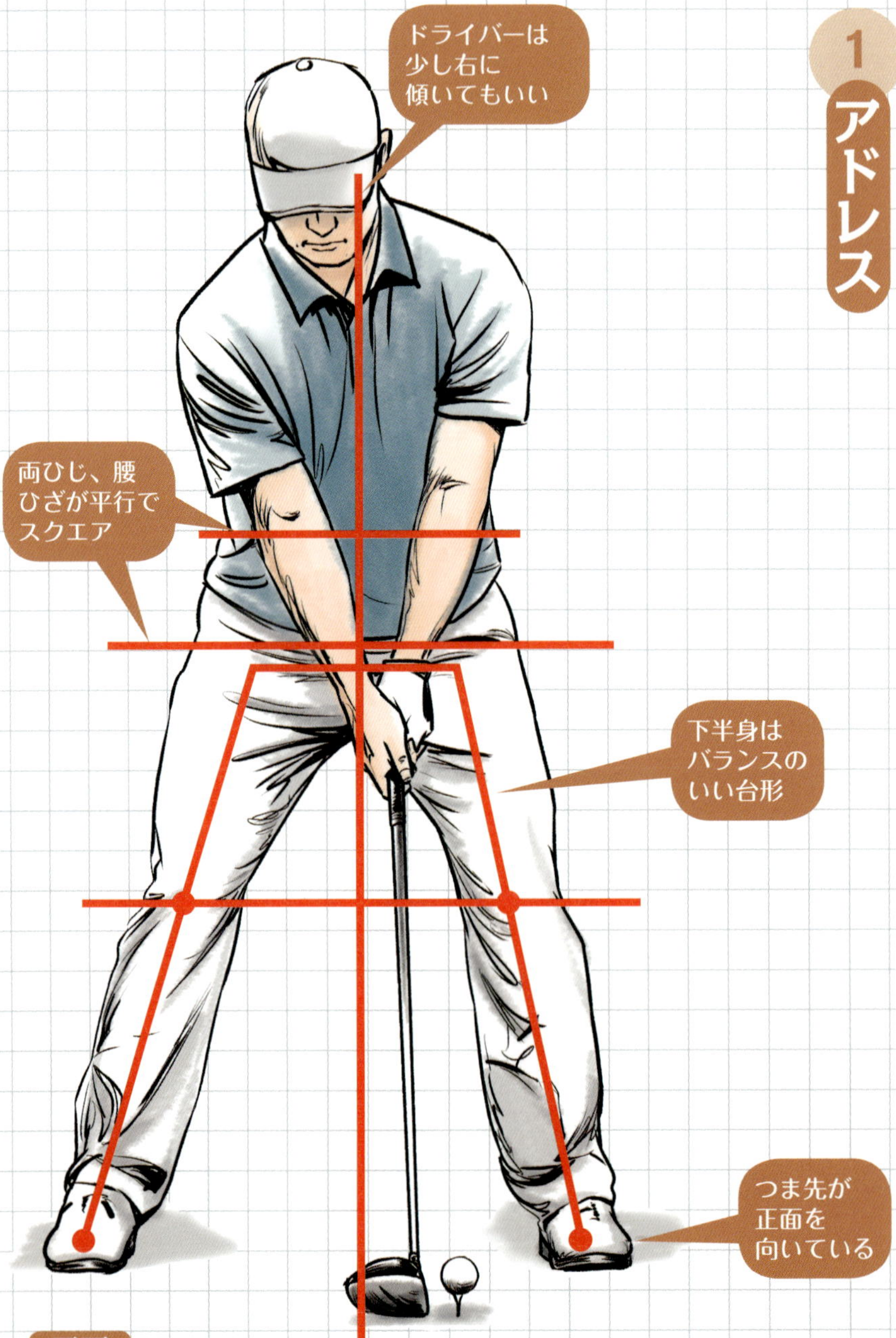
ドライバーは
少し右に
傾いてもいい
両ひじ、腰
ひざが平行で
スクエア
下半身は
バランスの
いい台形
つま先が
正面を
向いている

正面

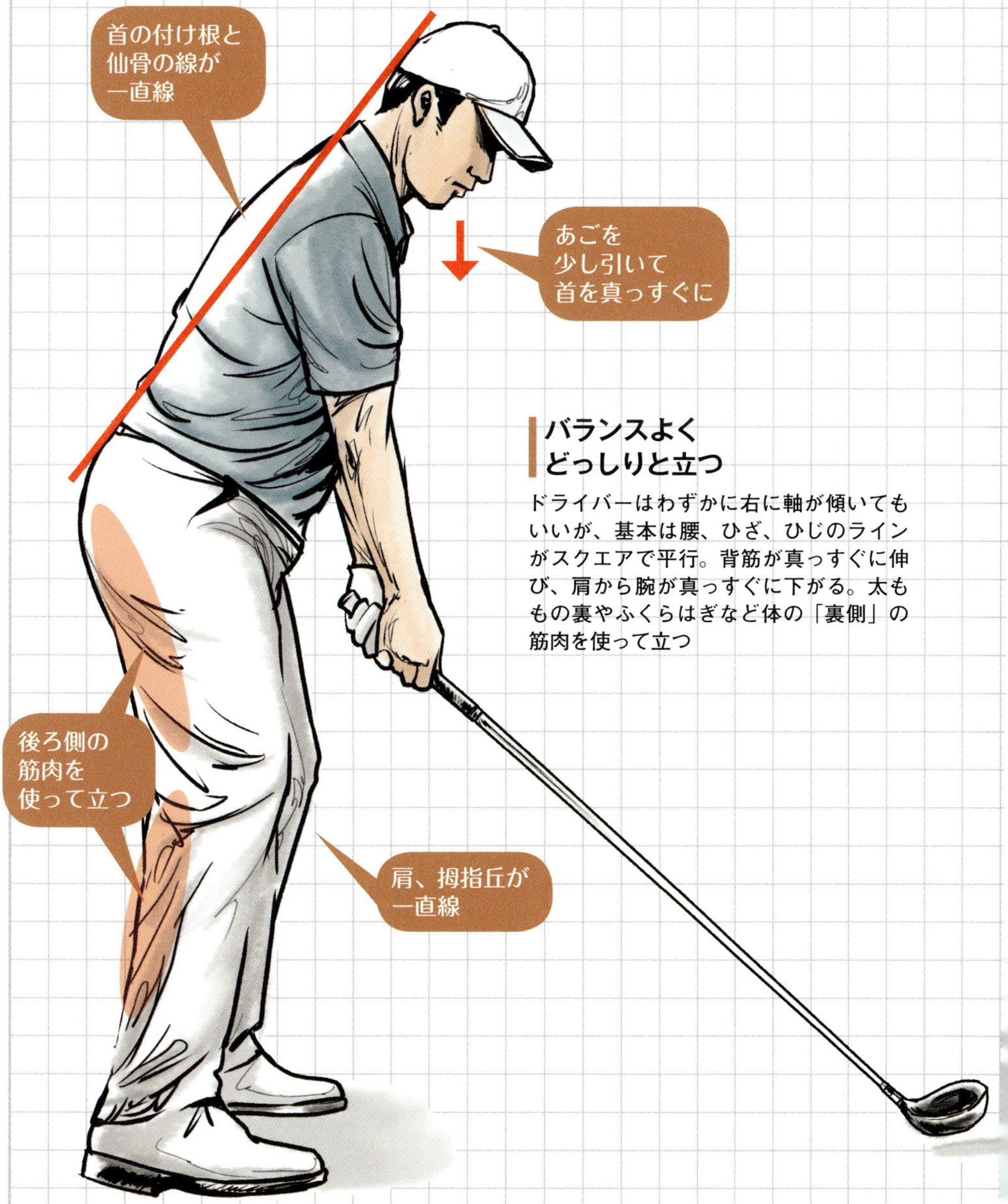
首の付け根と
仙骨の線が
一直線
あごを
少し引いて
首を真っすぐに
後ろ側の
筋肉を
使って立つ
肩、拇指丘が
一直線
後方

バランスよく どっしりと立つ

ドライバーはわずかに右に軸が傾いてもいいが、基本は腰、ひざ、ひじのラインがスクエアで平行。背筋が真っすぐに伸び、肩から腕が真っすぐに下がる。太もも裏やふくらはぎなど体の「裏側」の筋肉を使って立つ

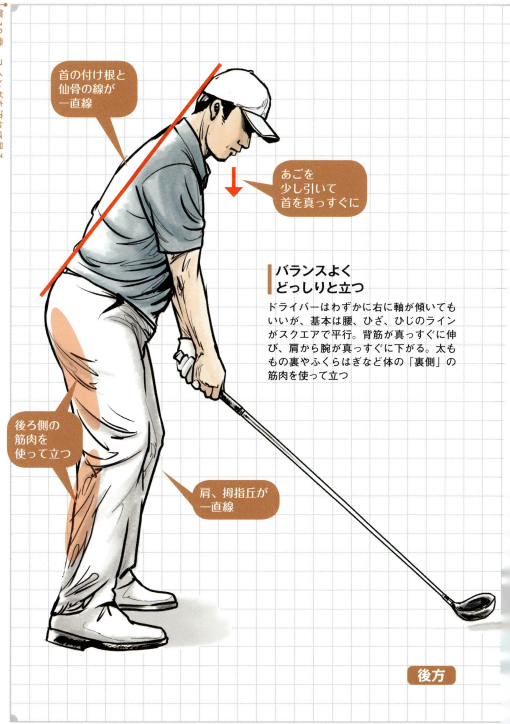

2
始動

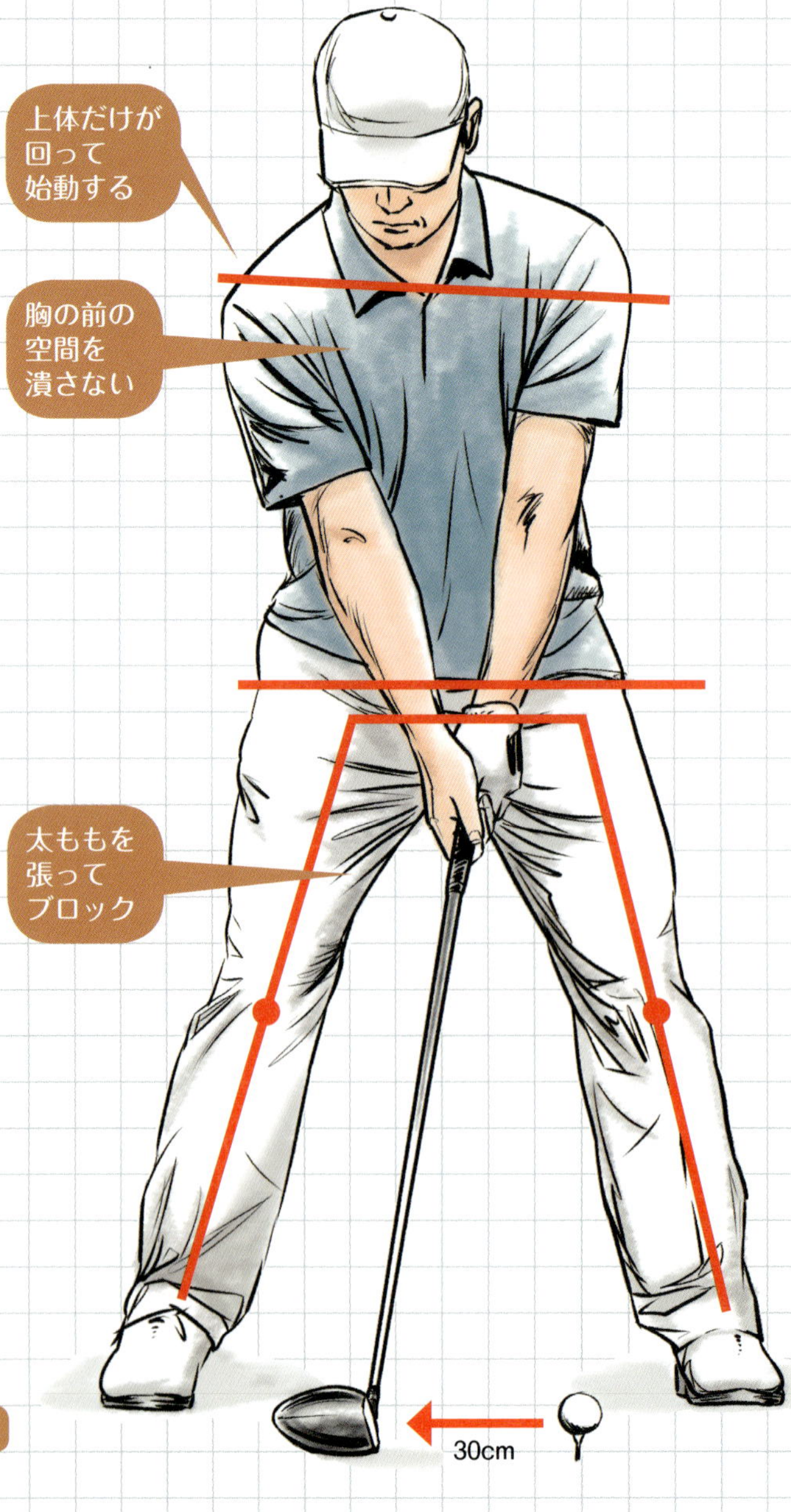

肩の回転だけで静かに始動

バックスイングの始動は、両太ももの向きを変えずに、上体の回転だけでスタート。手元を体の正面に置いたまま上体だけが回って始動する。最初の30cmほどはヘッドを真っすぐ後ろに引く感覚

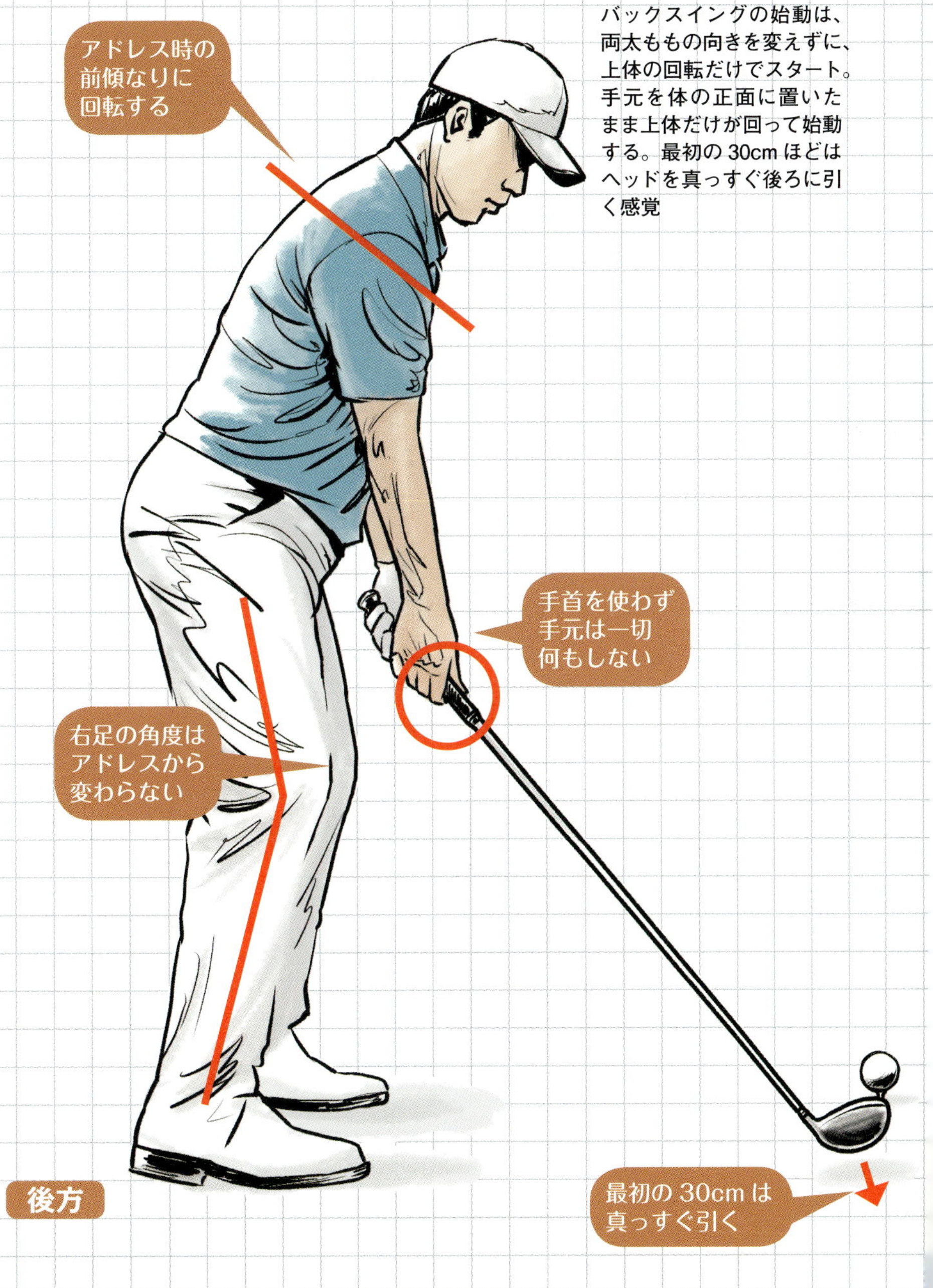
アドレス時の
前傾なりに
回転する
手首を使わず
手元は一切
何もしない
右足の角度は
アドレスから
変わらない
後方
最初の30cmは
真っすぐ引く

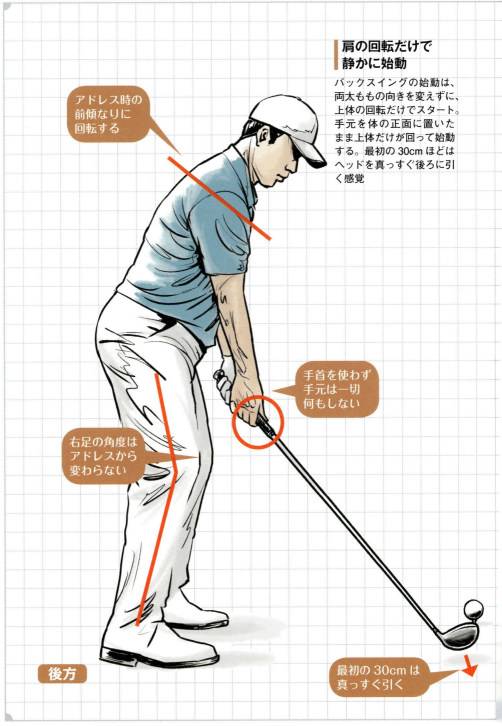

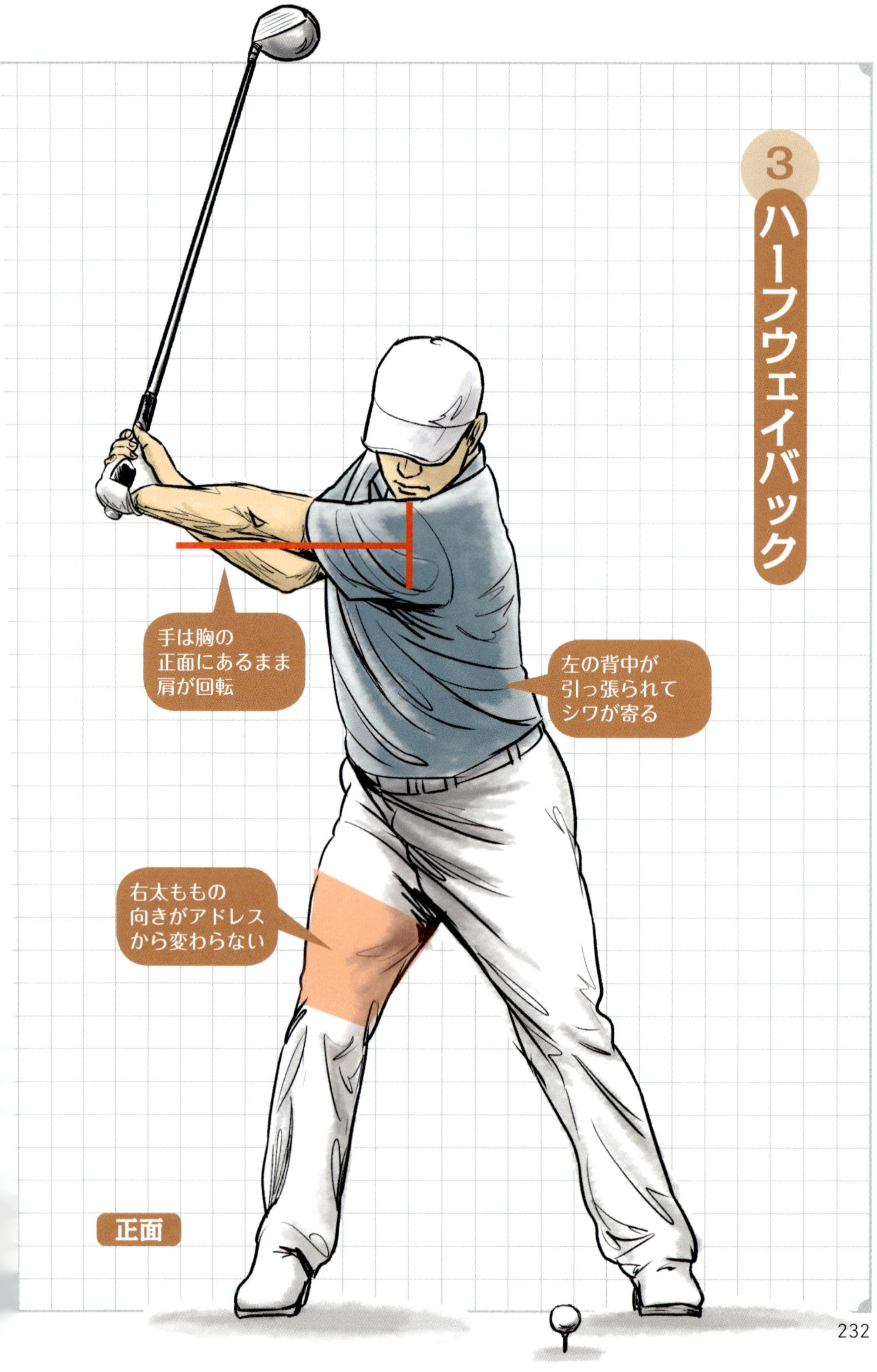
3
ハーフウェイバック
手は胸の
正面にあるまま
肩が回転
左の背中が
引っ張られて
シワが寄る
右太ももの
向きがアドレス
から変わらない
正面

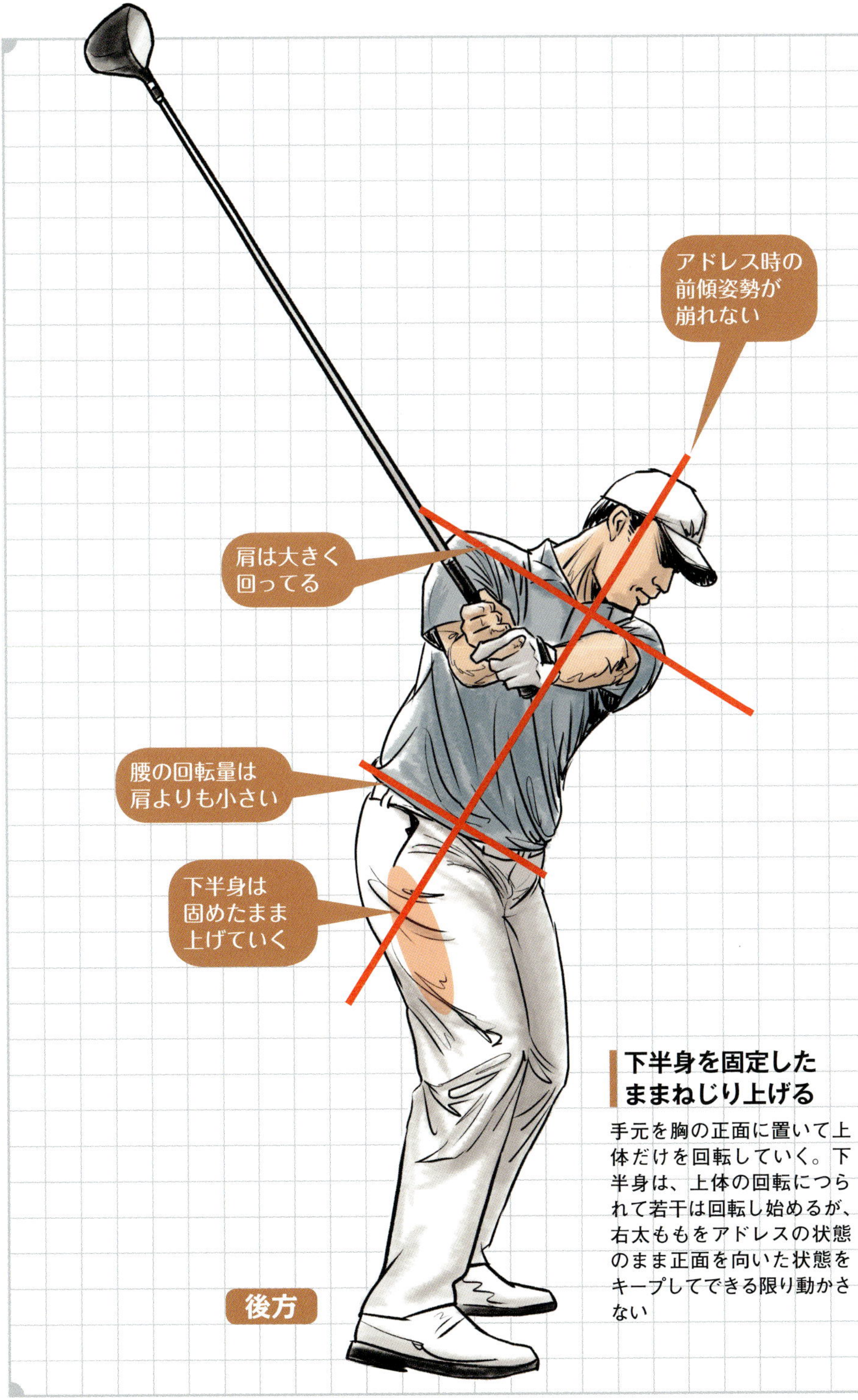
アドレス時の
前傾姿勢が
崩れない
肩は大きく
回ってる
腰の回転量は
肩よりも小さい
下半身は
固めたまま
上げていく
後方

下半身を固定したままねじり上げる

手元を胸の正面に置いて上体だけを回転していく。下半身は、上体の回転につられて若干は回転し始めるが、右太ももをアドレスの状態のまま正面を向いた状態をキープしてできる限り動かさない

4 トップ・オブ・スイング

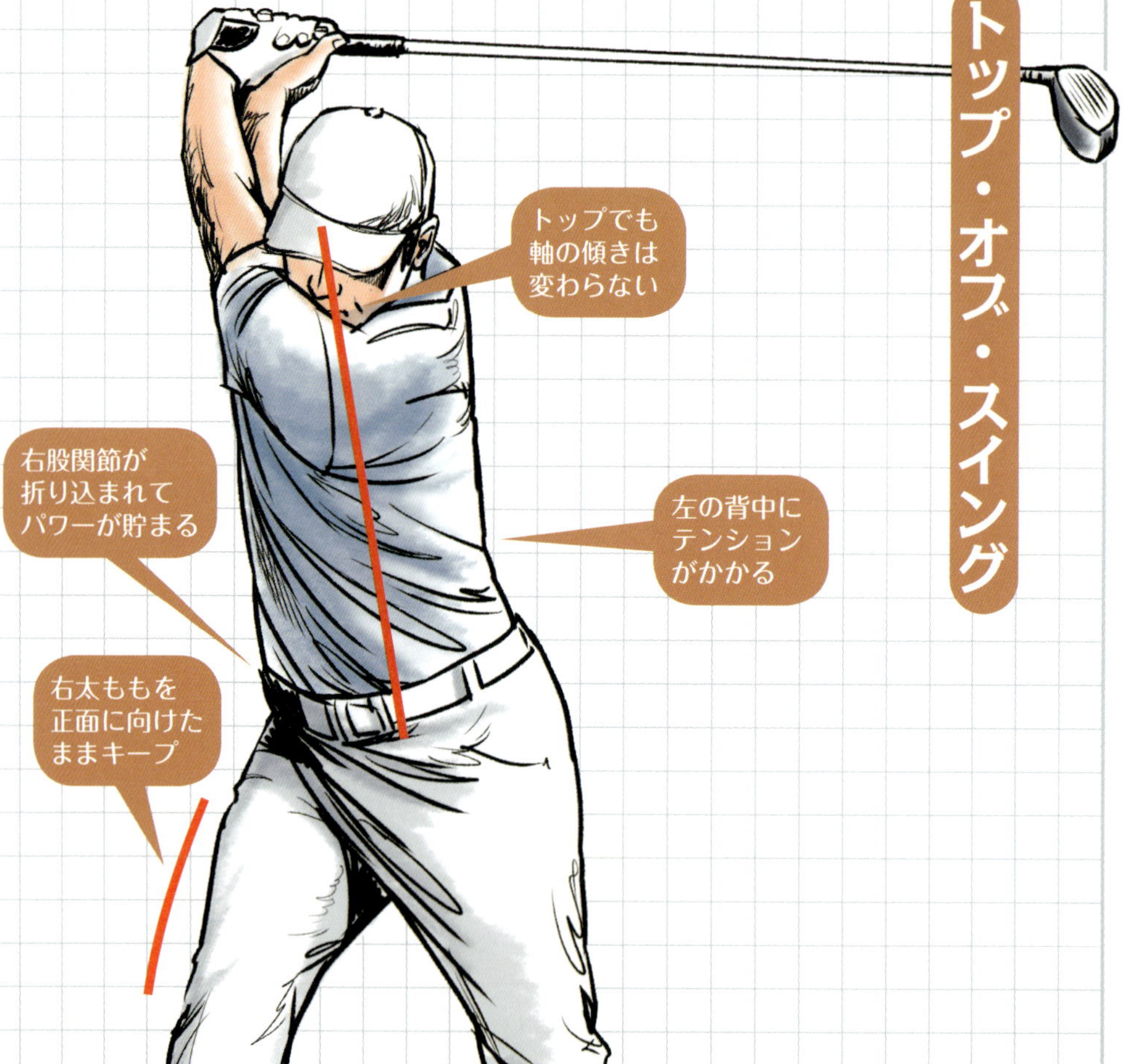
トップでも
軸の傾きは
変わらない
右股関節が
折り込まれて
パワーが貯まる
左の背中に
テンションが
かかる
右太ももを
正面に向けた
ままキープ
正面

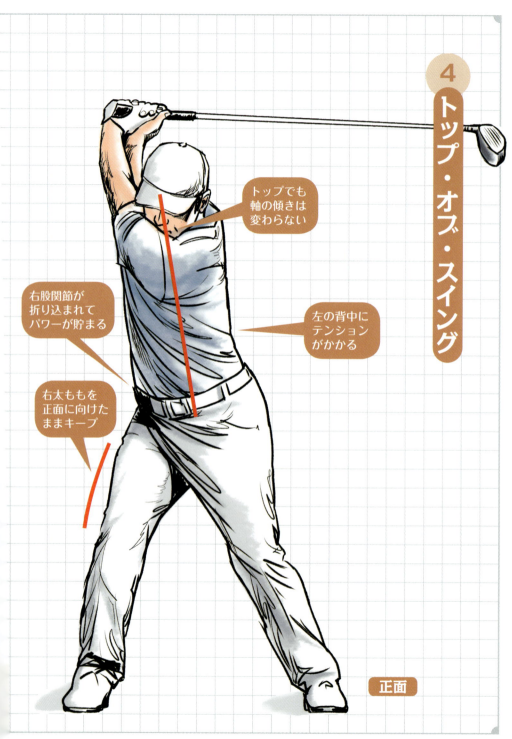

左ひじが
たわまずに
一直線
右前腕が内旋
しつつ右ひじは
下を向く
上体につられて
腰は45度程度
回っている
右肩と首の
距離が
近づかない
右股関節に
乗れていて
伸びていない
後方

右サイドで捻転のパワーを受け止める

肩は約90度、腰は約45度ほど回っている。右の股関節に乗り、右サイドが伸びずにテンションを維持。右手首はヒンジされ、右腕が内旋されながらひじが下を向いてわきが締まっている

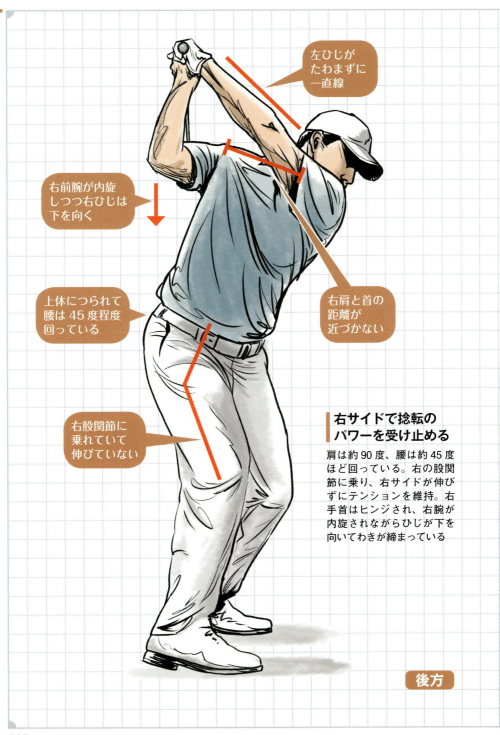

5

切り返し

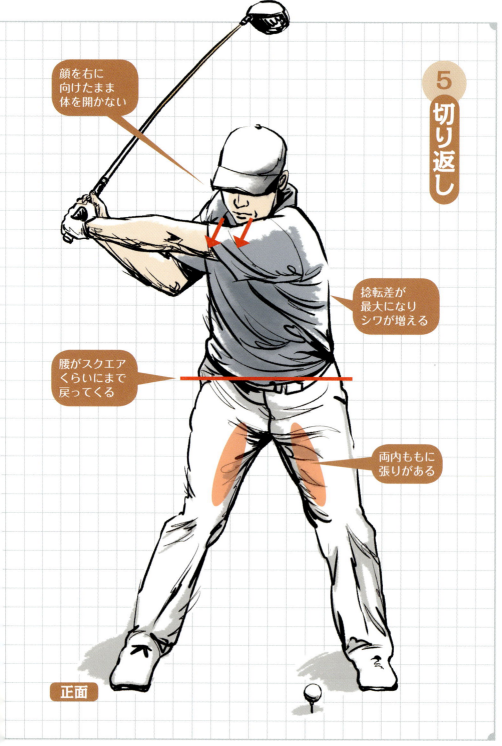

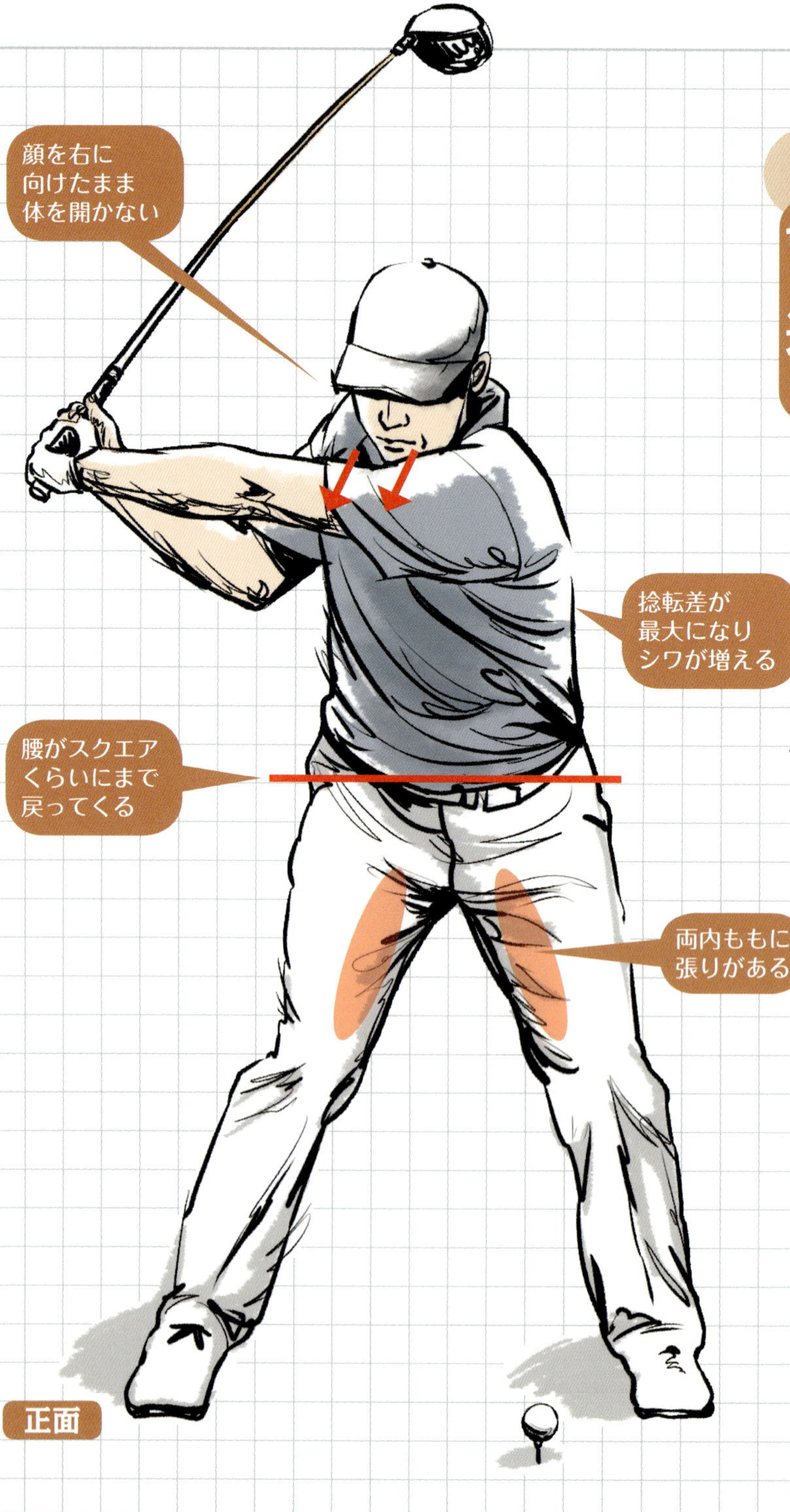
顔を右に
向けたまま
体を開かない
捻転差が
最大になり
シワが増える
腰がスクエア
くらいにまで
戻ってくる
両内ももに
張りがある
正面

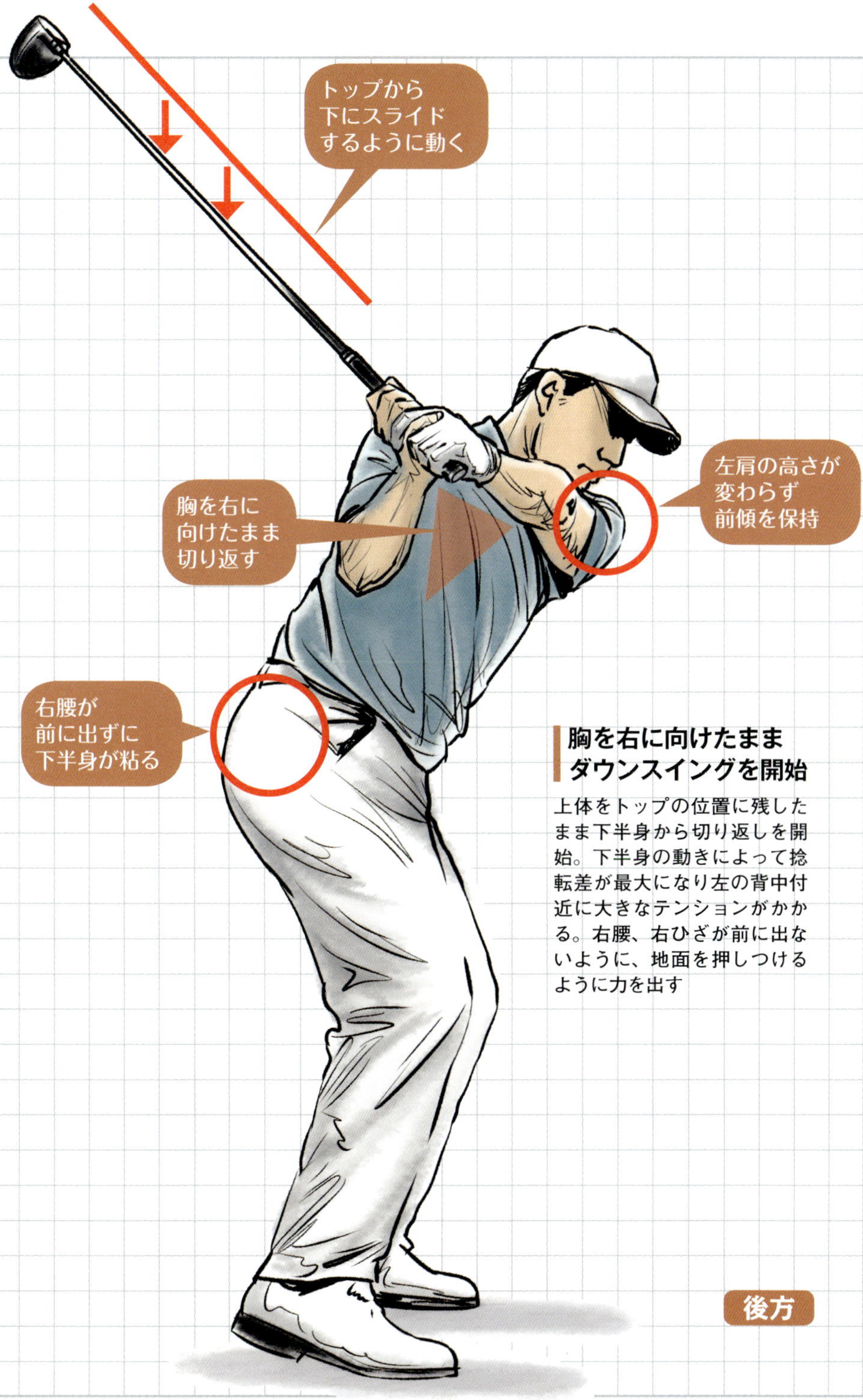
トップから
下にスライド
するように動く
左肩の高さが
変わらず
前傾を保持
胸を右に
向けたまま
切り返す
右腰が
前に出ずに
下半身が粘る

胸を右に向けたまま ダウンスイングを開始

上体をトップの位置に残したまま下半身から切り返しを開始。下半身の動きによって捻転差が最大になり左の背中付近に大きなテンションがかかる。右腰、右ひざが前に出ないように、地面を押しつけるように力を出す

後方

体の開きを抑えて
“解放” の準備をする

右ひじはたたまれて右わき腹にくっつき、クラブのリリースが始まってプレーンに乗ってくる。体の右サイドが前に出ないように右足で地面を踏み、左ひざは曲げてインパクトでジャンプして解放するための準備をする

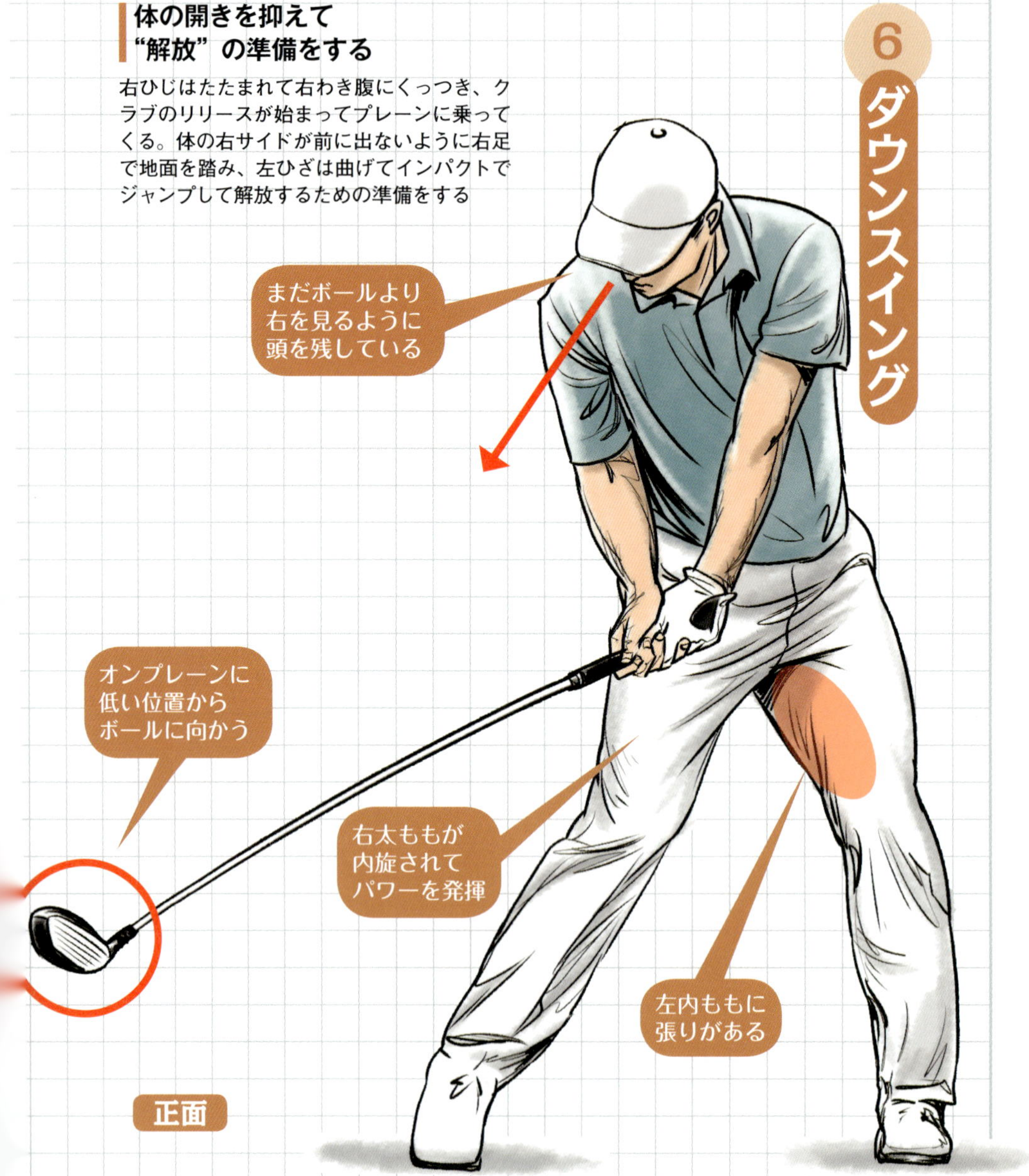

6
ダウンスイング
まだボールより
右を見るように
頭を残している
オンプレーンに
低い位置から
ボールに向かう
右太ももが
内旋されて
パワーを発揮
左内ももに
張りがある
正面

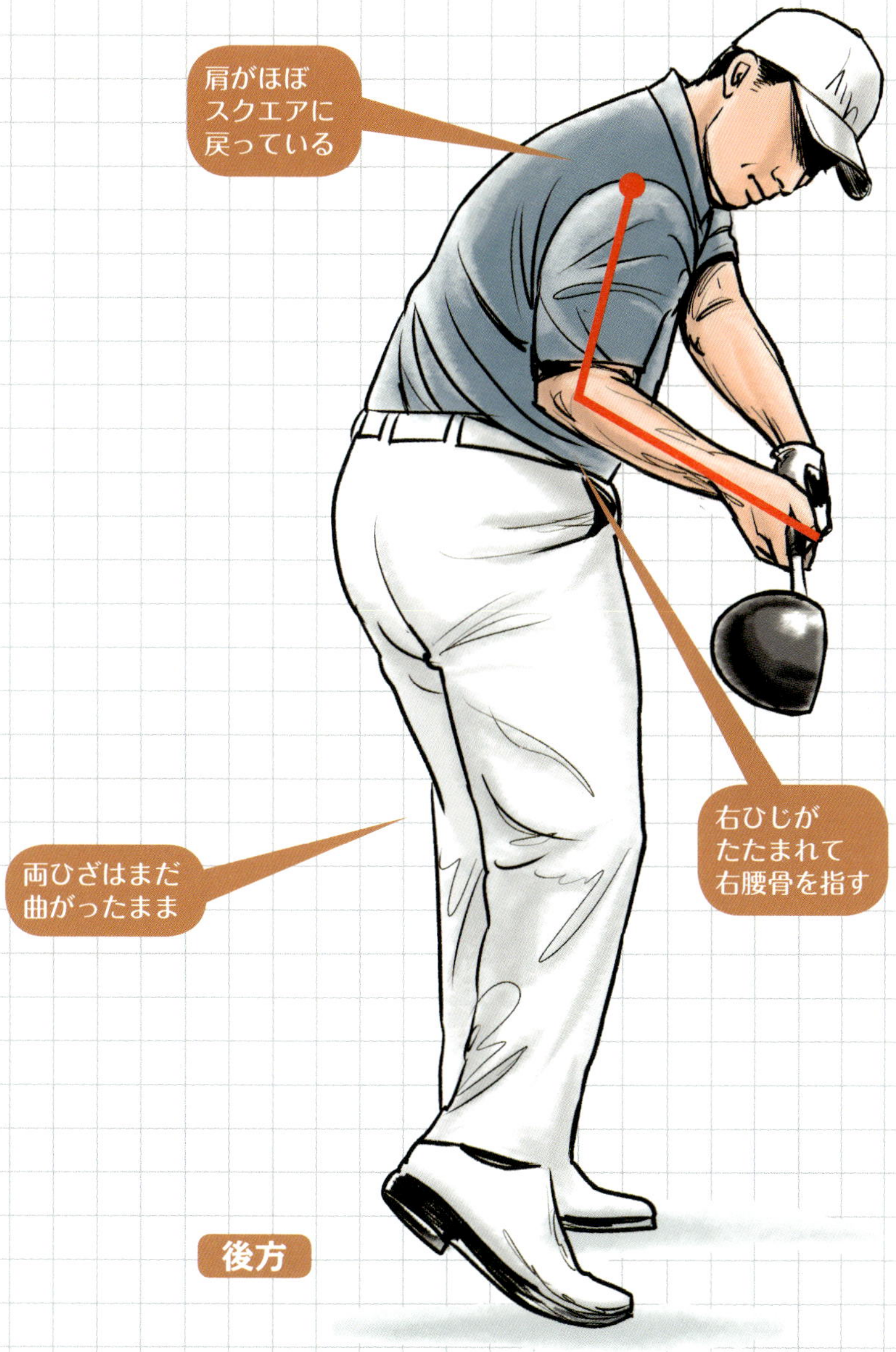
肩がほぼ
スクエアに
戻っている
右ひじが
たたまれて
右腰骨を指す
両ひざはまだ
曲がったまま
後方

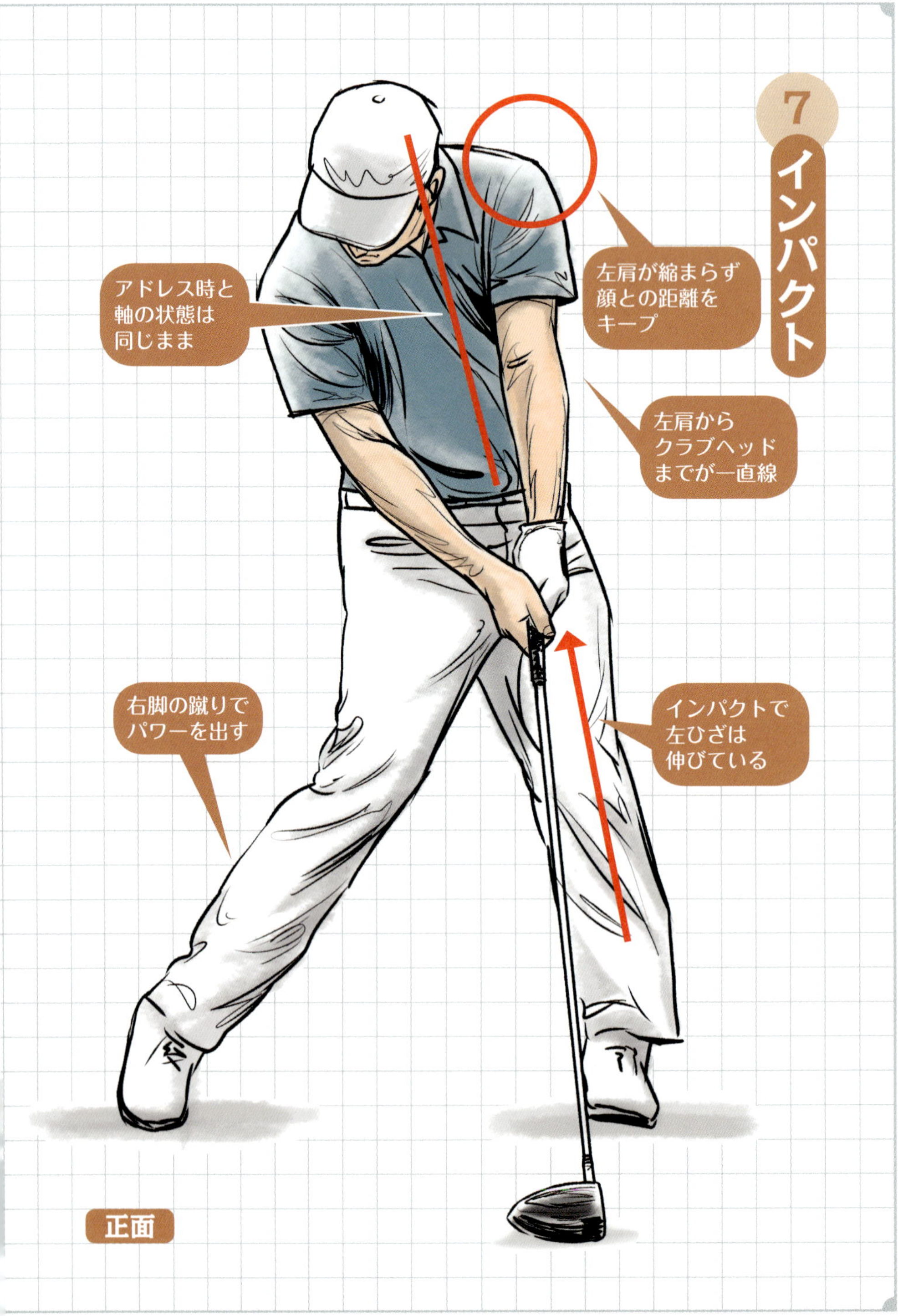
7
インパクト
左肩が縮まらず
顔との距離を
キープ
アドレス時と
軸の状態は
同じまま
左肩から
クラブヘッド
までが一直線
右脚の蹴りで
パワーを出す
インパクトで
左ひざは
伸びている
正面

右足の蹴りで貯めたパワーを解放

右ひじが曲がったまま、インサイドからボールをヒット。軸や前傾はアドレス時の状態を崩さず、右脚を内旋しながら蹴り、折り込まれていた右股関節を伸展しつつ、貯まっていたパワーを一気に解放する

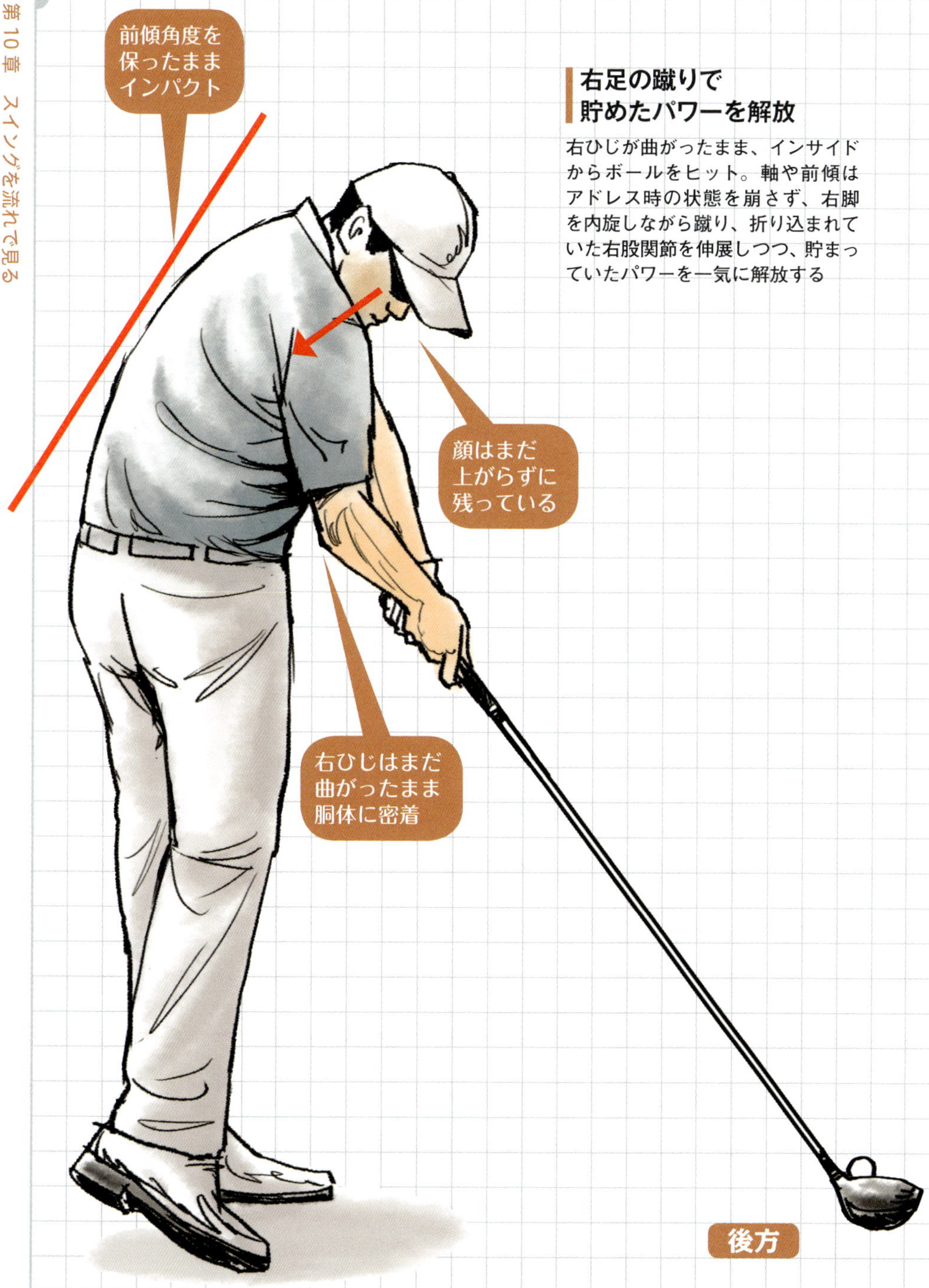
前傾角度を
保ったまま
インパクト
顔はまだ
上がらずに
残っている
右ひじはまだ
曲がったまま
胴体に密着
後方

8 アフターインパクト

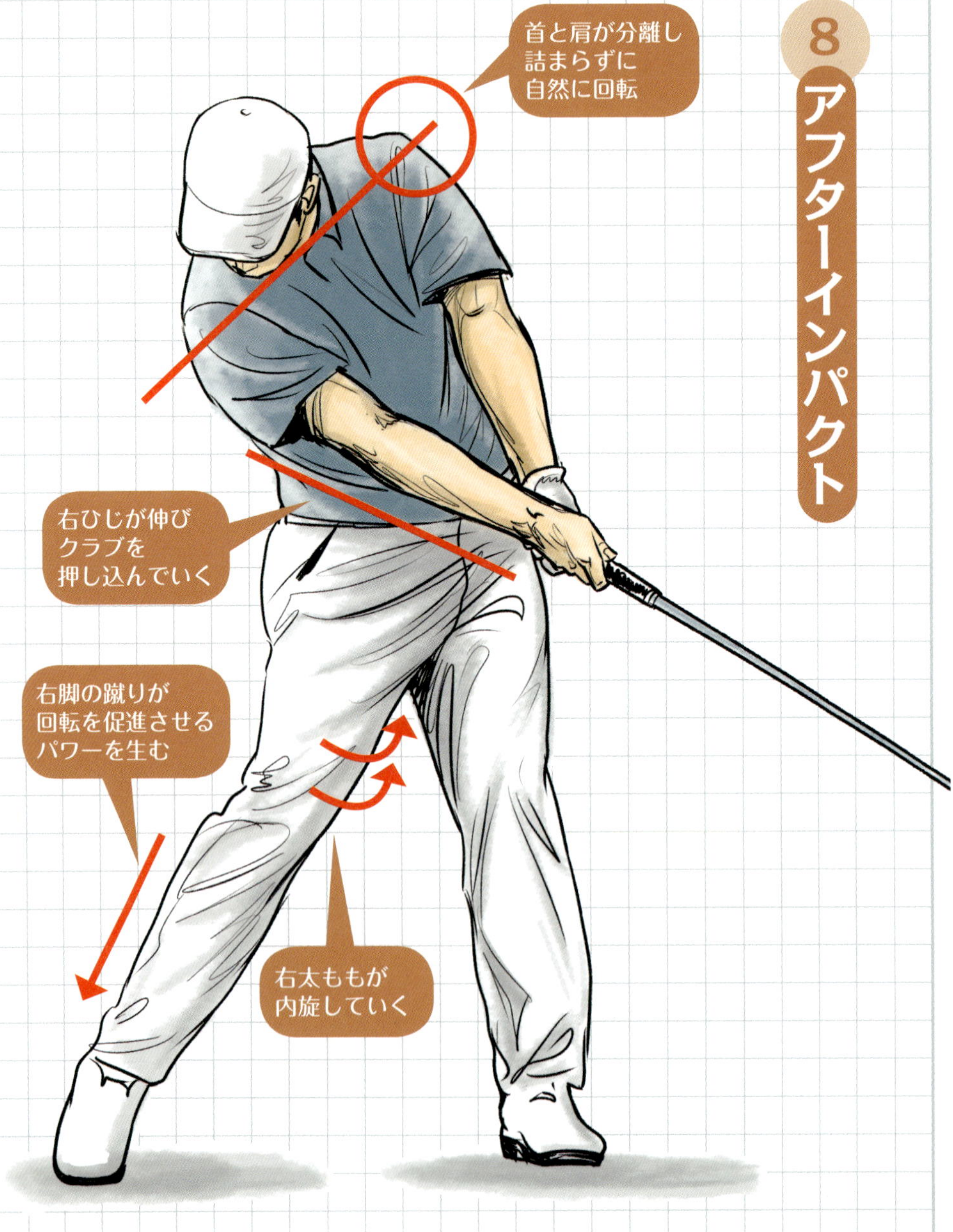

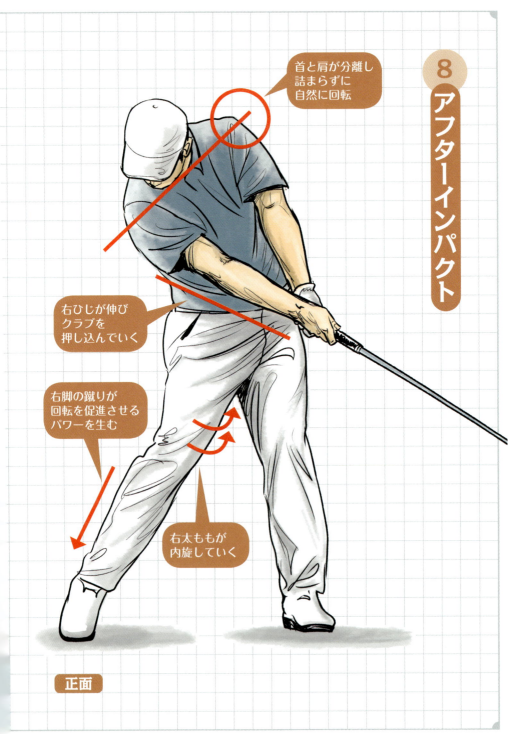

首と肩が分離し
詰まらずに
自然に回転
右ひじが伸び
クラブを
押し込んでいく
右脚の蹴りが
回転を促進させる
パワーを生む
右太ももが
内旋していく
正面

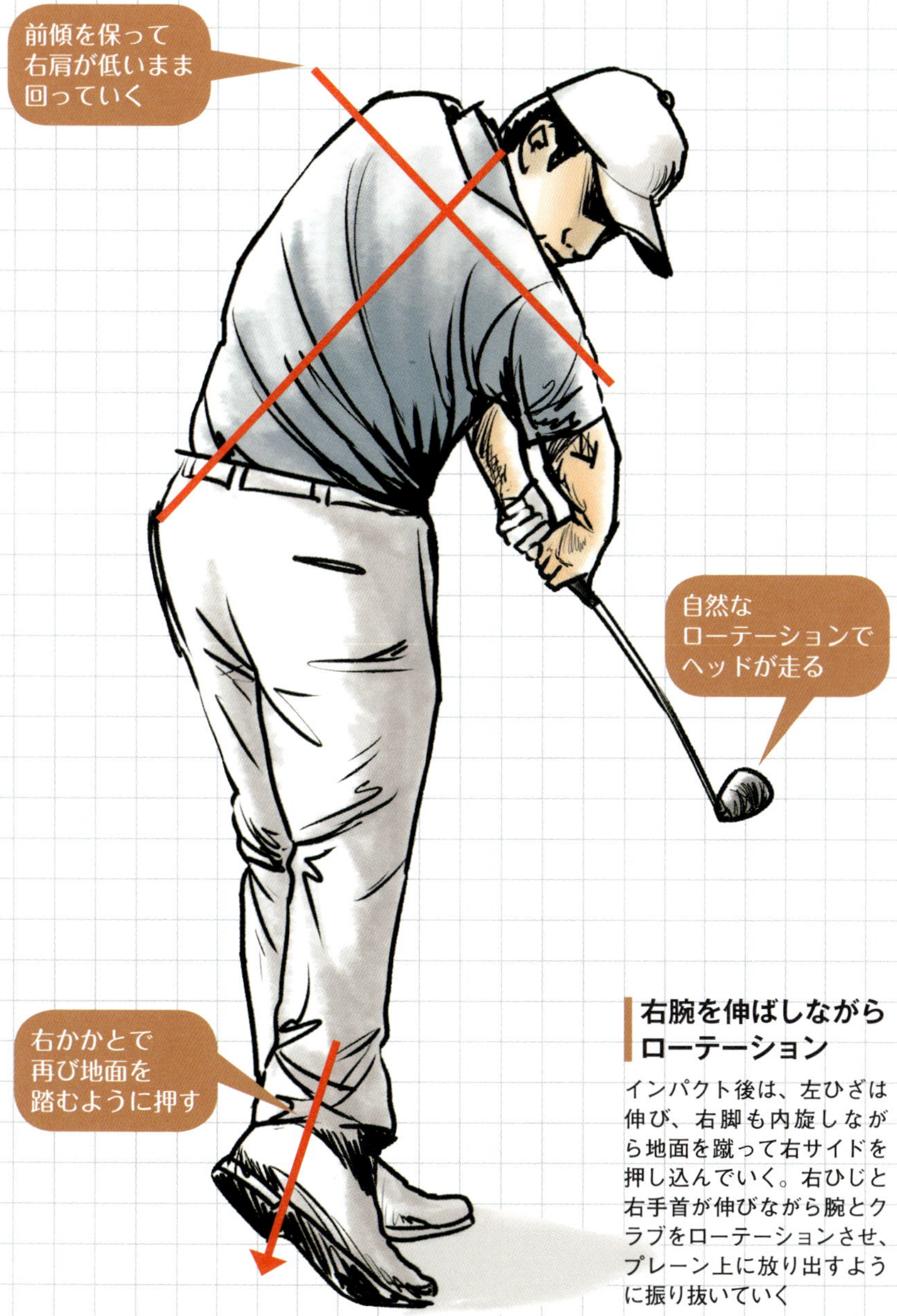
前傾を保って
右肩が低いまま
回っていく
自然な
ローテーションで
ヘッドが走る
右かかとで
再び地面を
踏むように押す

右腕を伸ばしながらローテーション

インパクト後は、左ひざは伸び、右脚も内旋しながら地面を蹴って右サイドを押し込んでいく。右ひじと右手首が伸びながら腕とクラブをローテーションさせ、プレーン上に放り出すように振り抜いていく

後方

9 フォロースルー

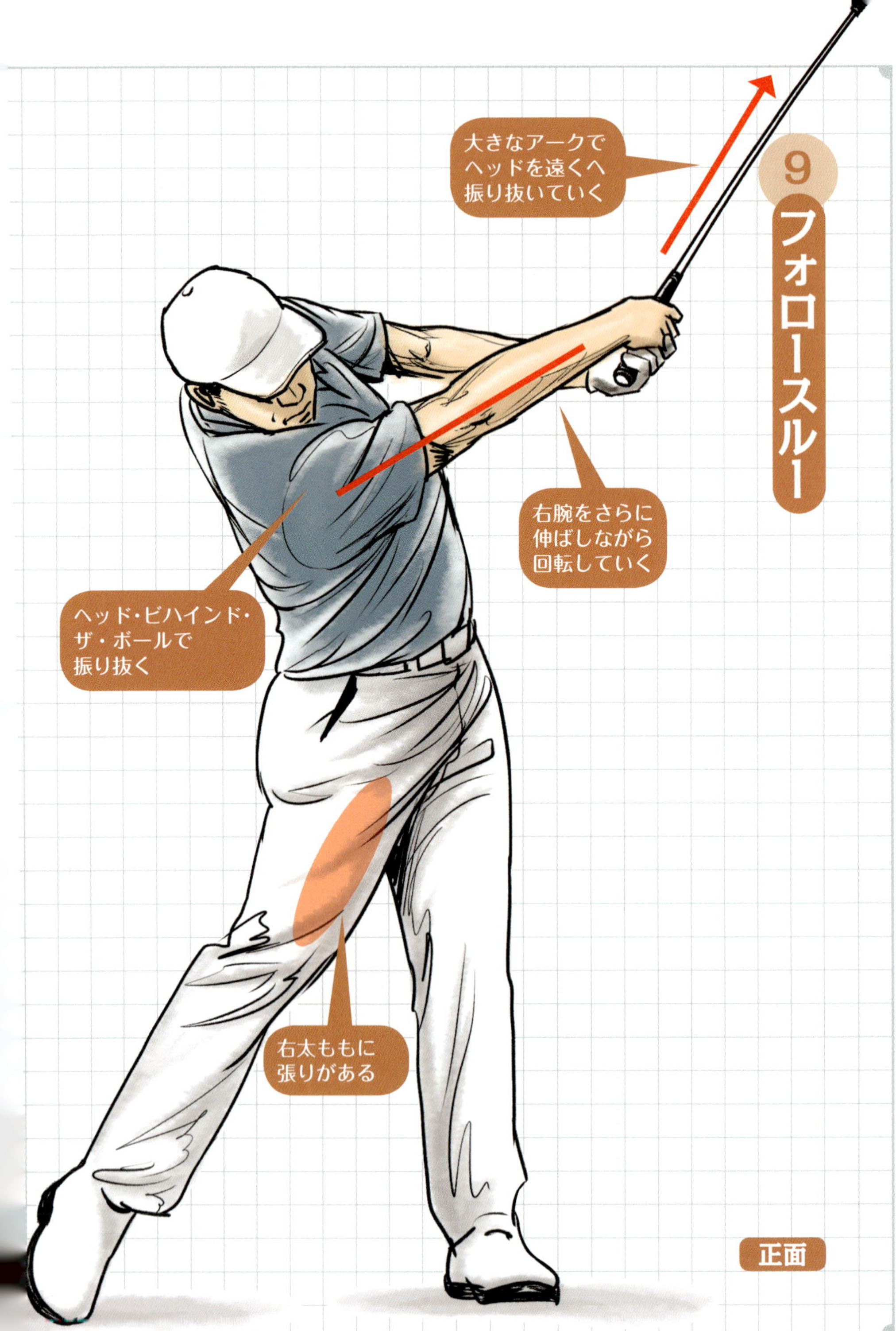
大きなアークで
ヘッドを遠くへ
振り抜いていく
右腕をさらに
伸ばしながら
回転していく
ヘッド・ビハインド・
ザ・ボールで
振り抜く
右太ももに
張りがある
正面

右脚を内旋して蹴って クラブと引っ張り合う

フォローでも頭を残してヘッド・ビハインド・ザ・ボールを維持し、右脚を内旋しながら蹴って、回っていく上体やクラブと引っ張り合って遠心力を生んでいく。伸びていく右腕に対して左ひじはたたんでフィニッシュへ向かう

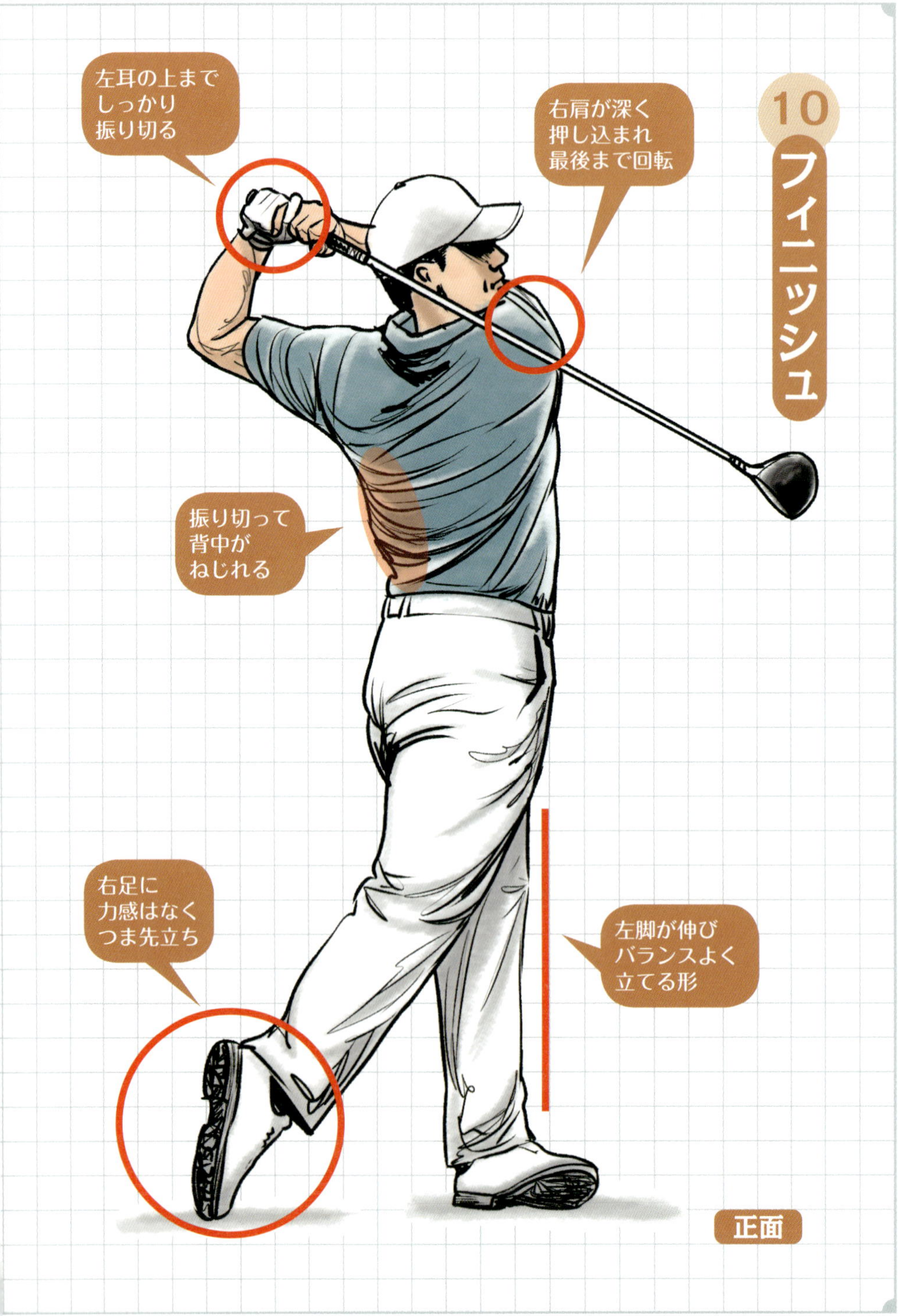
10
フィニッシュ
左耳の上まで
しっかり
振り切る
右肩が深く
押し込まれ
最後まで回転
振り切って
背中が
ねじれる
右足に
力感はなく
つま先立ち
左脚が伸び
バランスよく
立てる形
正面

左肩も
深い位置まで
回り切る
腰は目標を
向くまで
回って停止
後方

エネルギーを出し切って バランスよく立つ

エネルギーを解放し切って最後まで振り切り、左脚1本でバランスよく立ってボールを見送る。右肩が目標方向までしっかり押し込まれ、手元は左耳の上まで回る。腰は目標、胸はアドレスから180度近く回っている

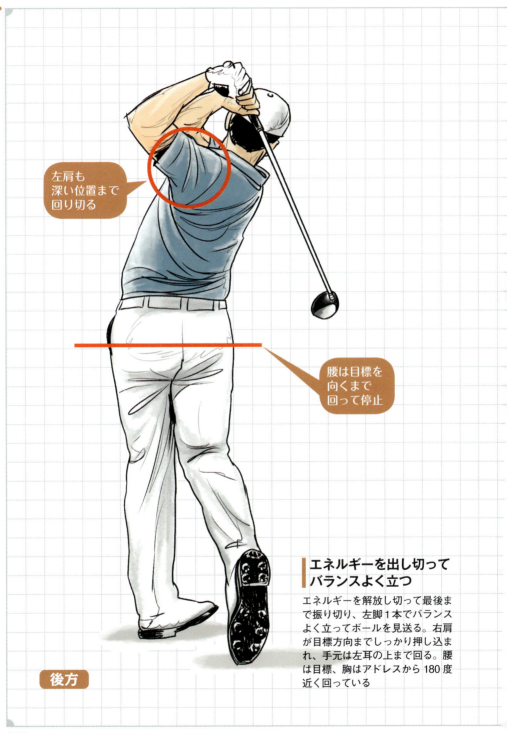

おわりに

本書では一貫して、ゴルフスイングのメカニズムについて客観的に、科学的に説明するというスタンスをとってきました。

それゆえ内容は、「ゴルフスイングとはこういうものである」「このようになっているべきである」という事実の説明がほとんどで、運動の方法として「こうしなさい」「こういう感覚でやりなさい」という教えはほとんど含まれていません。そのため、本書の内容について「理想の形はわかっても、どうやってその形を作ればいいのかわからない」と不満に思う方もいるかもしれません。

しかし、ゴルフをスポーツとして正しく認識しているならば、その不満が的外れなものであることがわかると思います。スポーツに限らず、技術の習得とは、それほど簡単に、手軽にできるものではありません。たとえば書道をする際に、初心者がちょっとしたコツで美しいハネやハライが書けるでしょうか？　そこにはお手本があり、それを愚直に反復して練習し、自分自身の試行錯誤と工夫によってお手本に近づけていく作業なくして、美しい字は書けません。ゴルフスイングも同じなのです。

その意味で、本当に上達するために何が必要かと言えば、基礎の反復練習にほかなりません。例を挙げるならば、スキーグローブでもはめて、ハーフショットの練習を毎日、2

〜3年間も続ければ、誰でも簡単にシングルプレーヤーにはなれるでしょう。夢のない話に聞こえるかもしれませんが、ゴルフスイングとはそういうものなのです。

ですが、この「基礎の反復」の持つ力は、みなさんが思っている以上に大きいものです。私が指導していたシード選手たちでさえ、こういった反復練習を欠かさなかった年に、もっともいい成績を残していました。

感覚に頼らず、感性を消すような取り組みこそが、スイングの本質です。私が知っている選手たちのなかでも、本当の超一流ほど「こういう感じ」という表現をしません。「こういう感じで振れているとき」が調子がいいのではなく、「こういう形になっているとき」が調子がいいということを知っています。そして、その形を作るために、ごく基礎的な練習を、飽きもせずに延々と繰り返せるのです。

みなさんも、本当にゴルフが上達したいとお考えなら、まずは事実を見てください。すべてはそこから始まります。

内藤雄士

索引

あ

か

さ

た

な

は

ら

英数

内藤雄士（ないとう　ゆうじ）

◆プロフィール

ゴルフコーチ・ゴルフアナリスト
1969年生まれ。

日本大学ゴルフ部在籍中にアメリカにゴルフ留学し、最新ゴルフ理論を学ぶ。

帰国後、ゴルフ練習場ハイランドセンター（杉並区・高井戸）にラーニングゴルフクラブ（LGC）を設立し、レッスン活動を始める。

1998年、ツアープロコーチとしての活動を開始。

2001年には、マスターズ、全米オープン、全米プロのメジャー大会の舞台を日本人初のツアープロコーチという立場で経験する。

丸山茂樹プロのツアー3勝をはじめ、契約プロゴルファーの多数のツアー優勝をサポートしてきた。

現在は様々なゴルフ媒体への出演や、一般財団法人丸山茂樹ジュニアファンデーションで理事を務めるなどジュニアゴルファーの育成にも力を入れている。

また、PGAツアーを中心に、ゴルフアナリストとしても活動している。

著書に『ゴルフ　現代スイングの結論』（河出書房新社）他多数。

ゴルフスイングバイブル

二〇一七年一〇月二〇日　初版印刷
二〇一七年一〇月三〇日　初版発行

著　者……内藤雄士

発行者……小野寺優

発行所……株式会社河出書房新社
〒一五一―〇〇五一　東京都渋谷区千駄ヶ谷二―三二―二
電話〇三―三四〇四―一二〇一（営業）〇三―三四〇四―八六一一（編集）
http://www.kawade.co.jp/

構成……鈴木康介
撮影……富士渓和春、井出秀人、圓岡紀夫
イラスト……鈴木真紀夫
協力……ハイランドセンター、One For One Management（高橋篤史）
　トラックマンジャパン、プロギア
ブックデザイン……石垣和美（菊池企画）
DTP……原沢もも
編集……菊池企画
企画プロデュース……菊池　真
印刷・製本……三松堂株式会社

Printed in Japan　ISBN978-4-309-27893-3